아산재단 연구총서 제456집

뉴미디어와 이주민

소셜미디어시대 서울 지역 중국동포들의 미디어 이용과 적응

뉴미디어와 이주민: 소셜미디어시대 서울 지역 중국동포들의 미디어 이용과 적응

This Edition was published by Jipmoondang in 2020, Seoul, Korea.

아산재단 연구총서 第456집

뉴미디어와 이주민

소셜미디어시대 서울 지역 중국동포들의 미디어 이용과 적응

김 용 찬

집문당

김용찬(金容燦) 연세대학교 신문방송학과 졸업
연세대학교 대학원 신문방송학과 졸업(석사)
남캘리포니아대학교(USC) 대학원 커뮤니케이션학과 졸업(박사)
현재 연세대학교 언론홍보영상학부 교수

아산재단 연구총서 제456집

뉴미디어와 이주민
소셜미디어시대 서울 지역 중국동포들의 미디어 이용과 적응

2020년 2월 20일 1판 1쇄

저자 | 김용찬
발행인 | 임동규
발행처 | **(주)집문당**
등록 | 1971. 3. 23. 제2012-000069호
주소 | 03134 서울시 종로구 돈화문로 82, 5층
전화 | 1811-7567 팩스(02)742-4657
이메일 | sale@jipmoon.co.kr
홈페이지 | www.jipmoon.com

ISBN 978-89-303-1856-3 94300
978-89-303-1500-5(세트)

가격 13,000원

이 도서의 국립중앙도서관 출판시도서목록(CIP)은 e-CIP홈페이지(http://www.nl.go.kr/ecip)와 국가자료공동목록시스템(http://www.nl.go.kr/kolisnet)에서 이용하실 수 있습니다.
(CIP제어번호: CIP2020004607)

머리말

도시는 낯선 사람들의 장소이다. 낯섦(strange) 자체가 익숙한(familiar) 곳이다. 도시거주자들은 낯섦과 익숙함 사이에서 삶의 의미를 구축하고 확장한다. 도시는 이주민들의 공간이기도 하다. 이주민들이야말로 새로운 도시에서 낯섦과 익숙함을 관리하며 생존한다. 그들의 경험은 토착민들의 것과 같을 수 없다. 새로운 사회에 정착해 그곳의 커뮤니케이션 환경에 적응하며 이주민들은 자기 나름대로의 낯섦과 익숙함의 포트폴리오를 구축한다. 그들의 적응 방식은 다양하다. 그들은 자신이 처한 상황에 따라 다른 적응 전략을 취한다. 어떤 적응 전략을 취하느냐에 따라 정착 사회에서 그들이 경험하는 낯섦과 익숙함의 포트폴리오도 달라진다. 그 모든 과정에서 미디어는 중요한 역할을 한다.

이 책은 중국동포들이 한국 사회에서 이주민으로 살면서 다양한 미디어를 활용해 어떻게 낯섦과 익숙함의 포트폴리오를 구축하는지를 담고 있다. 중국동포들은 이미 한국 사회의 중요한 구성원이 되었으며, 수적으로도 무시할 수 없는 규모를 갖게 되었다. 2017년 현재 통계청 집계에 의하면 69만 명이 넘는 중국동포가 한국에 산다. 대림동, 가리봉동, 구로동 일대의 중국동포 상권이 계속 커지고 있다. 경제적으로 성공한 중국동포들도 많아졌다. 한국 사회의 주류에 진출하는 중국동포들의 숫자도 늘어났다. 중국동포들은 새로운 미디어를 활용해서 다양한 방식으로 한국 사회에 빠른 속도로 적응해 왔다.

그럼에도 중국동포들은 여전히 한국 사회가 보이는 편견의 희생양이기도 하다. 신문, 방송, 영화 등에서 묘사되는 중국동포와 그들이 사는 동네에 대한 이미지는 여전히 부정적이다. 이에 대한 문제를 지적하고, 개선하기 위한 노력을 하는 사람들이 중국동포 커뮤니티 안팎으로 늘고 있다. 그래도 여전히 중국동포에 대한 한국 사회의 부정적 인식을 해소할 효과적인 방안을 찾아야 하는 숙제가 우리 모두에게 남아 있다.

이 책에 담긴 연구의 목적은 중국동포들이 한국 사회에서 시민적 정체성을 가진 구성원으로 자리잡는 과정에서 다양한 미디어들이 어떤 역할을 했는지를 살펴보는 것이다. 특히 인터넷, 스마트폰, 소셜미디어 등 2013년도 시점에서 뉴미디어라 할 수 있는 것들이 중국동포들이 한국 사회에 적응하려는 다양한 노력의 과정에 어떤 역할을 했는지, 그 과정에서 어떤 방식의 불평등이 드러났는지를 살펴보는 것이다. 그것을 이 책에서는 소셜미디어 격차라고 부른다. 소셜미디어 시대에 나타난 새로운 양태의 정보격차 문제이다.

이 책의 토대가 된 연구를 위해 중국동포 500여 명을 대상으로 면대 면 설문조사를 실시하였다. 한국 사람이 중국동포를 대상으로 연구를 하는 것은 쉽지 않다. 중국동포들이 한국 사람들을 향해 갖는 부정적 태도 때문이다. 이러한 문제를 극복하기 위해 우리는 중국동포들을 면접원으로 훈련시켜 그들을 통해 설문조사를 실시하였다. 이러한 방법을 통해 보다 신뢰할 수 있는 데이터를 얻었을 것이라 믿는다.

이 연구에서 우리는 스마트폰과 소셜미디어 이용 초기 단계에서의 중국동포들의 미디어 이용 패턴, 소셜미디어와 스마트폰 이용 행태, 지역 참여 정도, 정착 사회 적응 패턴 등을 알 수 있었고, 또 그것들이 서로 어떻게 유기적으로 영향을 주고받는지를 알 수 있었다. 특히 소셜미디어와 같은 뉴미디어 이용 패턴이 중국동포들이 한국 사회에 적응하는 과정에 중요한 영향을 끼쳤다는 것을 알 수 있었다.

이 책에 포함된 내용들은 2012년 11월 초에서 2013년 1월 말에 걸쳐 진행한 설문조사 결과를 바탕으로 한다. 7년 전의 데이터를 바탕으로 한 것이지만, 그럼에도 이 책의 내용은 학문적 의의를 지닌다. 2012년과 2013년은 스마트폰 보급 초기 시점이고, 소셜미디어 이용도 막 증가하기 시작한 시점이라 할 수 있다. 스마트폰과 소셜미디어 이용 초기의 시점에서 이것들이 중국동포들의 한국 사회 적응에 어떤 역할을 했는지에 대한 내용은 그 자체로 의미 있는 자료이다. 2020년 2월 시점에서 보면 중국동포들 사이에서도 스마트폰 이용자가 포화 상태가 되었고, 많은 중국동포들이 위챗 등의 소셜미디어를 활발하게 이용하고 있다. 이 책에서 소개하는 스마트폰과 소셜미디어 이용 초기에 대한 내용은 2020년 시점 혹은 그 이후의 시점에서 중국동포들의 스마트폰 이용과 소셜미디어 이용을 논하는 일종의 준거점을 제공한다. 이 책이 중국동포들의 미디어 이용과 사회적 행동에 대한 향후 연구에 유용한 준거 자료를 제공하는 역할을 할 수 있기를 기대해 본다.

이 연구에 참여하거나 외부에서 도움을 줌으로써 이 책이 나오는 데 기여한 많은 분들이 계시다. 연세대 도시커뮤니케이션연구팀(Urban Communcation Lab)에서 함께 이 연구를 위해 애쓴 김유정 박사(MBC), 신의경 박사(연세대 커뮤니케이션연구소), 조아라 박사(연세대 커뮤니케이션연구소), 김지현 박사(연세대 커뮤니케이션연구소), 심홍진 박사(KISDI), 정은진(KISDI), 정혜선(UW-Madison), 박지민(푹), 우지희(연세대 경영대 박사과정), 손해영(제일기획)에게 감사의 인사를 전한다. 마지막 편집 단계에서 도움을 준 편미란(연세대)에게도 감사의 뜻을 전한다. 또한 이 연구를 위해 도와주신 동포세계신문의 김용필

대표 겸 편집국장, 한국이주동포정책개발연구원의 곽재석 원장께도 감사드린다. 이 책을 맡아 인내로 편집해 준 집문당의 편집진에 감사드린다. 특히 이 연구를 지원해준 아산사회복지재단에 감사드린다.

2020년 2월

김용찬

| 차 례 |

| 표 차례 |

| 그림 차례 |

제 1 장

서 론

제1장 서 론

1. 연구의 배경 및 목적

국내 중국동포 커뮤니티는 짧은 역사에도 불구하고 한국 사회 이주민 집단 중 가장 큰 규모를 차지한다. 국내에 거주 중인 중국동포는 한국 국적을 취득한 사람들을 포함하여 2013년 현재 50만 명을 넘어섰다(출입국관리사무소, 2013). 서울을 비롯한 수도권 지역에는 '중국동포타운' 혹은 '조선족 거리'라 불리는 공간이 생겨나기도 했다. 양적 규모로만 보더라도 이들이 한국 사회에 잘 적응하고 정착할 수 있는 환경을 조성하는 것이 중요한 사회적, 정책적 이슈가 되었다.

새로운 사회에 들어와 정착을 하는 과정에서 이주민들은 다양한 유형의 커뮤니케이션 자원을 필요로 한다. 어떤 이주민들은 이러한 자원들에 쉽게 접근하고 그것들을 능숙하게 활용한다. 그럼으로써 다른 이주민들보다 정착 사회에 더욱 능동적으로 통합되고, 효과적으로 생존과 성장이라는 목적을 달성한다. 하지만 이주민들 중에는 정착사회에서의 생존과 정착에 필수적인 커뮤니케이션 자원에 대한 접근이 원활하지 않은 사람들이 있다. 그러한 자원에 접근은 할 수 있더라도 그것들을 능숙하게 사용할 능력이나 지식이 부족한 사람들도 있다. 이주민들 사이에서도 커뮤니케이션 자원을 둘러싼 격차가 존재하고, 그러한 격차는 종종 정착사회에서의 생존과 적응에 중요한 영향을 미치게 된다. 그렇지만 이주민에 대한 그동안의 연구들은 이러한 문제에 대해 체계적으로 검토하지 못했다.

커뮤니케이션 자원을 둘러싸고 나타나는 격차는 종종 '디지털 정보 격차' 혹은 '디지털 디바이드'의 개념으로 논의된다. 새로운 미디어가 등장할 때마다 늘 정보 격차의 문제는 발생하기 마련이다. 하지만 이 개념에 대한 학문적, 정책적 연구가 본격적으로 등장한 것은 인터넷이 사회적으로 보급되기 시작한 1990년대 중반 이후라고 할 수 있다. 정보 격차에 대한 초기 논의는 대개 접근(access)-비접근(non-access)의 이원론적 틀 속에서 이루어졌다. 인터넷 이용자와 비이용자, 인터넷 접속을 집에서 할 수 있는 사람들과 그렇지 않은 사람들, 고속 인터넷 이용자와 일반 인터넷 이용자 등으로 사람들을 나누고 어떤 요인이 이러한 차이를 만드는지 등에 대한 연구가 초기에 주로 이루어졌다. 이러한 차이를 만드는 요인들로서 연령, 소득, 교육, 지역, 인종 등이 주로 언급되었다. 하지만 2000년대로 접어들면서 정보격차에 대한 논의는 접근-비접근, 혹은 이용-비이용의 이원론적 틀을 벗어나서 보다 다양한 차원의 이슈들을 포괄하는 쪽으로 발전하였다(Jung, Qiu & Kim. 2001). 인터넷 등 새로운 미디어의 기능을 얼마나 활용할 수 있는지를 가리키는 숙련도 혹은 리터러시(literacy)의 차원의 격차, 어떤 목적을 갖고 미디어를 이용하는지를 보는 이용 동기 차원의 격차(예를 들어 사회적 자본을 늘리는 생산적 동기를 갖고 이용하는지 아니면 오락 등 비생산적 동기를 갖고 이용하는지 등의 격차), 뉴미디어 이용이 합목적적 행위로 연결되는지와 연관된 행동적 차원의 격차, 뉴미디어 이용을 통해 이용자가 원하는 결과를 얻고 있는지에 초점을 맞추는 결과(outcome) 차원의 격차 등을 논하는 방향으로 확장되어 왔다.

최근 커뮤니케이션 테크놀로지가 일방향적 정보 전달 체계(예를 들어 매스미디어나 소위 web 1.0 시대의 인터넷)로부터 진화해서 쌍방향적이고 참여적인 방식으로 변화되고 있다. 이러한 매체 환경의 변화는 디지털 정보 격차에 대한 연구에도 새로운 방향을 제시하고 있다. 현재 진행 중인 미디어 환경의 변화는 특히 모바일 기술과 소셜네트워크서비스(Social Netowrking Services 혹은 SNS)가 주도하고 있다. 쌍방향적이고 참여적인 미디어는 이용자들로 하여금 자기 환경에 대한 확장된 통제력을 갖게 하는 잠재력을 갖는다. 이용자들이 물리적 환경에 대한 확장된 통제감을 경험하게 할 뿐만 아니라, 사회적 관계와 미디어 콘텐츠 생산・유통・소비에서도 확장된 환경 통제감을 경험하게 한다.

물론 새로운 정보 통신 기술을 통해 환경 통제감을 확장시키는 기회와 혜택이 모든 사람들에게 골고루 주어지는 것은 아니다. 새로운 매체의 이러한 잠재력은 이미 사회적, 문화적, 물적 자본을 많이 갖고 있는 사람들에게 그렇지 않은 사람들보다 많은 혜택을 준다. 일종의 빈익빈 부익부의 현상이 여기에서 나타나는 것이다. 정보 격차 문제의 핵심적 문제가 여기에 있다. 사회 속에 이미 노정되어 있는 불평등의 구조가 매체에 대한 접근과 이용에 전이가 되고, 그러한 접근과 이용이 또 다른 (종종 더 광범위한 차원의) 불평등을 재생산 혹은 강화하는 것이다. 모바일과 소셜미디어를 둘러싼 정보 격차 역시 마찬가지이다. 그러한 매체들에 접근하고 그것들을 어떻게 사용하는지에서 나타나는 격차를 넘어서서, (앞에서 암시한 대로) 자기 환경에 대한 통제감(김용찬, 신인영, 2013)의 격차 문제로 연결된다. 환경에 대한 통제감은 실제 삶 속에서 개인이 어떤 자원에 연결되고, 어떤 적응전략을 펴고, 어떤 행동을 하게 될지를 결정하는 중요한 요인이다. 따라서 쌍방향적이고, 참여적인 미디어시대에 정보 격차 문제는 줄어드는 것이 아니라 차원을 달리해서 사람들 사이에 더욱 본질적인 격차 문제를 야기하는 방향으로 진화하는 중이다.

참여적이고 쌍방향적인 미디어가 지배하는 소셜미디어시대에 나타나는 새로운 차원의 격차 문제를 가장 역동적으로 경험하는 주체 중 하나가 이주민들이다. 이주민들이 새로운 환경에 정착해서 그 환경에 대한 통제감을 확장하는 데 새로운 매체들, 특히 참여적・상호작용적인 소셜미디어가 어떤 역할을 할까? 소셜미디어를 이용하고 그것을 활용하여 새로운 환경에 대한 통제감을 확장하는 과정에서 이주민들 사이에 어떤 격차가 존재할까? 그러한 격차는 이주민들이 정착 사회에 적응하고, 새로운 사회의 구성원으로서 참여하는 데에 어떤 차이를 만들어낼까? 새로운 미디어 이용과 관련된 문제는 이주민들의 생존과 성장, 적응과 관련된 본질적인 이슈가 될 수 있다. 따라서 한국 사회 이주민들, 특히 본 연구의 대상인 중국 동포들 사이의 정보 격차 문제, 특히 소셜미디어나 스마트폰 같은 뉴미디어를 둘러싸고 나타나는 격차(이 책에서는 이를 소셜미디어 격차라고 부르고자 한다)는 단순히 뉴미디어 이용에서 나타나는 격차로만 파악할 수 없다. 중국 동포들이 이용하는 소위 올드 미디어의 이용 상황, 중국 동포들의 한국 사회 적응 양상, 새로운 지역 커뮤니티에서의 사회 참여 경향 등의 문제와 연계해서 파악해야 한다. 이러한 점들을 고려하여 설정한 본 연구의 목적은 중국동포들의 미디어 이용 패턴, 소셜미디어와 스마트폰 이용 행태, 지역 참여 정도, 정착 사회 적응 패턴 등을 살펴보고 그것들이 서로 어떻게 유기적으로 영향을 주고받는지를 살펴보는 것이다.

2. 글의 구성

이 책은 총 7장으로 구성되어 있다. 제1장 〈서론〉은 연구의 배경과 목적을 담고 있다. 제2장에서는 연구의 주요 개념 및 이론적 틀을 소개하였다. 제3장 〈조사방법과 연구대상〉은 이 책의 주요 연구 방법인 설문조사 과정에 대한 설명과, 응답자들의 인구사회학적 특성, 주요 변인의 측정 방법에 대한 내용을 포함한다. 제4장 〈중국동포의 전통미디어 및 뉴미디어 이용 현황〉에는 한국 사회에서 살고 있는 중국동포들의 미디어 이용 현황을 매체별로 살펴본 내용을 담았다. 전통미디어로는 국내 일간신문, 국내 TV방송, 국내 라디오방송, 중국동포 대상 신문, 중국 일간신문, 중국 TV방송, 중국 라디오방송 이용 정도를 다루었다. 뉴미디어로는 인터넷, 스마트폰, 소셜네트워크서비스(이하 SNS)의 이용 정도와 이용 유형에 대한 설문 결과를 소개하였다. 제5장 〈중국동포이주민들의 사회 참여와 사회문화적 적응〉은 중국동포들의 한국 사회 적응 정도와 사회적 참여 정도에 대한 설문 조사 결과를 담고 있다. 제6장 〈한국인과 중국동포이주민의 스마트폰 및 SNS 이용 격차〉에서 스마트폰과 소셜 미디어 이용이 이주민들의 한국 사회 적응과 사회 참여에 어떤 영향을 미치고 있는지에 대한 결과를 제시한다. 제7장 〈결론〉에서는 4장부터 6장까지의 연구 결과를 바탕으로 이론적·정책적 함의를 논의하였다.

제 2 장

중국동포 커뮤니티 내 소셜미디어 격차 문제에 대한 맥락적 이해

제2장 중국동포 커뮤니티 내 소셜미디어 격차 문제에 대한 맥락적 이해

1. '소셜미디어 격차'

인터넷의 폭발적 성장과 더불어 시작된 디지털 디바이드(digital divides) 즉 디지털 정보격차 이슈는 최근 모바일 미디어와 소셜미디어의 확산과 더불어 새로운 차원으로 나가고 있다. 모바일 미디어와 소셜 미디어가 사람들의 일상적 목적들(예를 들어 뉴스 및 정보 획득, 배움, 사회적 관계, 오락, 휴식 등)을 달성하는 필수적인 요소가 되어 가면서 새로운 차원의 격차가 나타나고 있다. 모바일과 소셜미디어를 중심으로 나타나는 정보 격차를 이 책에서는 '소셜미디어 격차'로 부르도록 하겠다. 이 책에서 규정하는 소셜미디어 격차란 모바일과 소셜미디어 등 참여적이고 쌍방향적인 디지털 기기를 개인들이 접근하고 활용하는 과정에서 나타나는 기회의 차이와 그러한 기회의 차이에서 발생하는 사회적 불평등의 재생산 현상을 포괄하는 개념이다.

소셜미디어 격차를 포함해서 디지털 정보격차는 다차원적인 내용을 포함한다. 우선 디지털 정보격차는 성별, 연령, 교육수준, 수입, 인종, 지역 등의 차이가 인터넷을 비롯한 뉴미디어에 대한 접근과 이용에서의 차이에 영향을 미치는 현상을 의미한다(Hoffman & Novak, 1998; Katz & Aspden, 1997; Rice & Katz, 2003; Jung, Qiu, & Kim, 2001). 디지털 정보격차에 대한 연구는 연구영역을 접근과 이용 차원 밖으로 확장해가고 있다. 특히 모바일 미디어의 급속한 확산과 함께 스마트폰이나 소셜미디어 등 새로운 미디어의 이용 효과로 논의의 영역이 넓어지고 있다. 또한 '이용'의 재개념화를 통해 격차를 야기하는 원인에 대한 보다 구조적인 접근을 시도하고 있다. 일반 휴대폰을 사용하던 시대에는 사실 모바일 미디어의 이용 여부가 야기하는 격차는 그리 두드러지지 않았다. 경제적 비용 자체가 크지 않고 이용에 필요한 기술 정보의 습득이 격차를 야기할 만큼 어렵지 않았기 때문이다. 그러나 스마트폰 등장에 이어 각종 소셜미디어의 확산은 사람들의 생활을 모바일화하는 데 크게 기여하였고 '이용'의 의미와 국면을 다양하게 인식할 것을 요구하고 있다. 치쿠와 마하잔은 모바일 미디어의 이용에서 중요한 것은 특정 미디어를 이용하느냐의 여부보다 얼마나 진화된 서비스를 다양하게 이용하고 있는지 즉 이용의 깊이(depth)와 폭(breadth)이라고 주장하였다(Chircu & Mahajan, 2009). 기존 미디어들은 단일 유형의 콘텐츠를 제공했던 데 반해 모바일 미디어들은 음성통화나 문자메시지 전송 외에도 인터넷 기반의 다양한 서비스를 제공한다. 결국 모바일 미디어의 경우 단순히 이를 보유하고 있는지 혹은 이용하는지 여부보다 무엇을 어떻게 이용하는가가 더 중요해지고 있다. 특히 소셜미디어 격차에 대한 논의는 뉴미디어의 접근과 이용의 차이가 정치경제적 · 사회문화적 불평등을 생산, 재생산하는 과정까지도 포함하는 것이다. 사회적 불평등의 재생산 과정에서 주목할 부분 중 하나는 디지털 정보격차가 사회적 자본, 사회 참여와 정치 참여

기회에의 불평등과 밀접한 관련을 맺는다는 것이다(Neu, Anderson, & Bikson, 1999; Rice & Katz, 2003; Haythornthwaite & Wellman, 2001; Katz & Rice, 2002; Katz, Rice, & Aspden, 2001). 사회적 관계, 사회적 자본, 사회참여와 정치참여를 확장하는 테크놀로지로 부상하고 있는 모바일과 소셜미디어 등을 바탕으로 한 소셜미디어 격차 이슈에서 이러한 문제가 특히 부각되고 있다.

2. 소셜미디어 격차의 측정: 인터넷, 스마트폰, SNS 의존도(SNS dependency)를 중심으로

디지털 정보격차 연구에서 중요한 이슈 중 하나는 '격차'를 어떻게 개념화하고 측정할 것인가에 대한 것이다. 90년대 중반 이후 인터넷을 중심으로 한 초기 디지털 정보 격차 연구들은 격차를 인터넷 사용 여부나 사용 시간 혹은 인터넷 접속 서비스 유형(예를 들어 초고속 서비스 대 일반 서비스)과 장소(예를 들어 집에서 이용할 수 있느냐의 여부)을 기준으로 측정하였다. 하지만 앞에서 언급한 것처럼 정보 격차에 대한 논의가 발전하고 격차를 다층적이고 다면적인 개념으로 이해하려는 노력이 지속되면서 격차에 대한 측정에서도 이러한 개념적 발전이 반영되어야 한다는 점들이 지적되어 왔다. 특히 그러한 노력을 초기에 주도했던 연구들이라고 할 수 있는 정주영과 김용찬 등의 연구(Jung, Qiu, $ Kim, 2001; Kim, Jung, & Ball-Rokeach, 2007)는 정보격차를 인터넷과 사용자 간의 유기적 관계의 깊이와 폭이라는 측면으로 파악하면서 Internet connectedness index라고 하는 다차원적인 측정도구를 개발하여 소개하였다. 이 연구들은 사용 시간과 같은 일차원적인 측정 도구가 사회적 불평등을 반영하는 정보 격차를 제대로 측정하지 못하고 있다는 점을 실증적으로 보여주었다.

소셜미디어를 중심으로 하는 소셜미디어 격차에 대해서도 이러한 관점을 적용할 수 있다. 단순히 스마트폰이나 SNS를 이용하느냐 그렇지 않느냐의 차원을 넘어서서 소셜미디어와 개인 사이의 관계의 폭과 깊이에 대한 다층적이고 다차원적인 측면을 고려해야 한다. 이러한 관점을 반영해서 몇몇 선행 연구들은 그동안 SNS intensity, SNS connectedness, SNS dependency 등의 개념들을 제시하여 왔다.

특히 김용찬 등은 기존의 미디어체계의존 이론(media system dependency theory) 등을 바탕으로 '스마트폰 의존'(김용찬 & 신인영, 2013)과 'SNS 의존'이라는 개념을 개발하였다(Kim & Jung, 2014; Kim, Shin, Cho, Jung, Shon, & Shim, 2019). 다시 말해 스마트폰 의존과 SNS 의존은 뉴미디어 이용의 다층적이고 다면적인 차원을 반영하는 개념이다. 김용찬 등은 스마트폰 의존과 SNS 의존을 "일상적 삶의 목표들을 달성하는 과정에서 개인이 SNS(혹은 스마트폰)의 정보생산, 수집, 처리, 공유 능력에 의존하는 정도"라고 정의 내리고 있다. 쉽게 말해서 SNS 혹은 스마트폰이 개인의 삶에서 얼마나 중요한 상대적 위치를 차지하고 있느냐의 정도를 가리키는 것이라고 할 수 있다.

SNS(혹은 스마트폰) 의존도는 미디어체계 의존이라는 개념을 SNS 이용(혹은 스마트폰 이용) 상황에 적용한 것이다. 미디어체계의존이론은 개인이 매스미디어를 통해 이루고자 하는 일상적 목적들(goals)을 6가지로 구분한다. 6가지 목적이란 개인적 이해추구, 개인적 방향설정추구, 개인적 재미추구, 사회적 이해추구, 사회적 방향설정추구, 사회적 재미 추구이다. 이러한 6가지 기본 목적들은 매스미디어가 지배하는 커뮤니케이션 환경을 염두에 두고 제시된 것이다. SNS 의존도와 스마트폰 의존도 개념을 개발하면서 김용찬 등은 여기에 표현(expression) 추구 목적을 추가하였다. 소셜미디어의 참여적, 상호작용적 속성을 기반으로 개인들이 SNS를 이용해서 자기가 알고 있는 것, 생각하는 것, 느끼는 것, 경험한 것들을 표현할 수 있는 기회가 커졌기 때문이다. 그리하여 SNS 의존도(혹은 스마트폰 의존도)는 7가지 목적을 포괄하는 개념이 되었다. 〈표 2-1〉은 각각의 목적과 목적 차원을 측정하

〈표 2-1〉 SNS (혹은 스마트폰, 인터넷) 의존도

<table>
<tr><th colspan="2"></th><th>측정항목</th></tr>
<tr><td rowspan="8">개인적 목적</td><td rowspan="3">이해추구</td><td>내가 한 행동에 대해 돌아보고 싶을 때</td></tr>
<tr><td>미래의 나의 삶에 대해 생각해 보고자 할 때</td></tr>
<tr><td>나와 같은 문제나 상황에 있을 때 다른 사람들은 어떻게 대처했는지 알고자 할 때</td></tr>
<tr><td rowspan="2">방향설정</td><td>특정 서비스를 어디서 받을지 결정하고자 할 때</td></tr>
<tr><td>상품 구매에 대한 정보를 얻고자 할 때</td></tr>
<tr><td rowspan="3">재미추구</td><td>피곤한 하루를 보내고 나서 편히 쉬고 싶을 때</td></tr>
<tr><td>혼자 조용히 쉬고 싶을 때</td></tr>
<tr><td>혼자 있을 때 뭔가 할 일을 찾고자 할 때</td></tr>
<tr><td rowspan="7">사회적 목적</td><td rowspan="3">이해추구</td><td>세상 돌아가는 소식을 알고자 할 때</td></tr>
<tr><td>요즘 우리나라의 주요 현안이 무엇인지 알고 싶을 때</td></tr>
<tr><td>외국에서 벌어지고 있는 일이나 사건에 대한 정보를 얻기 위해</td></tr>
<tr><td rowspan="2">방향설정</td><td>다른 사람들에게 어떻게 처신하는 게 좋은지 알려고 할 때</td></tr>
<tr><td>아주 중요한 만남에서 상대방을 어떻게 대해야 할지 미리 알고 준비하기 위해</td></tr>
<tr><td rowspan="2">재미추구</td><td>친구들과 함께 할 수 있는 것을 알고 싶을 때</td></tr>
<tr><td>가족들이나 친구들과 재미있는 시간을 보내고자 할 때</td></tr>
<tr><td colspan="2" rowspan="3">자기표현추구</td><td>생각이나 감정을 다른 사람들과 나누고자 할 때</td></tr>
<tr><td>내가 알고 있는 것을 다른 사람들도 알게 하고 싶을 때</td></tr>
<tr><td>내가 어떤 사람인지를 다른 사람에게 표현하고자 할 때</td></tr>
</table>

는 측정 문항까지 포함하고 있다. 이 책에서는 여기에 인터넷 의존도를 추가해서 살펴본다.

3. 소셜미디어 격차와 관련 있는 맥락적 변인들

새로운 모바일 기술과 소셜미디어를 둘러싸고 나타나는 소셜미디어 격차의 문제는 단순히 기기에 대한 접근/비접근이나 이용/비이용의 차원으로만 파악할 수 없다는 점에 대해서는 앞에서 몇 차례 강조해서 언급하였다. 이러한 문제를 극복하기 위해서 SNS 의존과 스마트폰 의존이라는 개념을 통해 개인이 SNS와 스마트폰 등 미디어와 갖는 관계의 폭과 깊이를 파악해야 한다는 점에 대해서도 앞에서 설명하였다. 여기에 덧붙여서 소셜미디어 격차가 갖는 사회적 성격을 드러내기 위해 뉴미디어 이용이 일어나는 상황적 맥락에 대한 고려를 함께 하고자 한다. 이 책에서는 이주민의 삶을 살아가야 하는 중국동포들이라는 특수성을 반영하여 상황적 맥락을 세 가지 차원으로 나누어서 살펴본다. 첫 번째는 중국동포들의 한국 내 미디어 이용 패턴이고, 두 번째는 중국동포들의 한국 사회 적응이고, 세 번째는 중국동포들의 한국 사회 참여 패턴이다.

3.1. 중국동포들의 한국 내 미디어 이용 패턴

중국동포들이 본격적으로 한국 사회에 들어와 살기 시작한지도 벌써 20여 년이 되어 가고 있음에도 불구하고 아직까지 중국동포들의 미디어 이용 패턴에 대한 종합적이고도 체계적인 연구는 거의 없는 상황이다. 중국동포들의 미디어 이용에 대한 내용을 다루는 연구들도 대부분 제한적 표본을 가지고 이루어진 일화적인 사례 연구가 대부분이다. TV, 신문, 라디오 등 전통적인 매체뿐 아니라, 인터넷, 모바일, 소셜 미디어 등 뉴미디어 이용에 대한 이해가 종합적이고도 체계적으로 이루어져야 소셜미디어 격차 문제에 대한 충실한 논의를 할 수 있다.

3.2. 중국동포들의 한국 사회 적응

중국동포들이 한국 사회에 들어와서 적응하는 모습은 중국동포 개인이 갖고 있는 속성에 따라서, 그 개인이 한국 사회와 어떤 관계를 갖는지에 따라서, 또 그 개인이 떠나온 중국의 커뮤니티와 어떤 관계를 계속해서 유지하는지에 따라서 다른 모양으로 나타난다. 중국동포 등의 이주민들이 정착 사회에 들어와서 보이는 적응의 양상들에 대해서는 베리의 문화변용론(acculturation theory)이 체계적인 관점을 제공하고 있다(Berry & Kim, 1988; Berry, 1992). 따라서 이 책에서도 베리의 분류 방식을 따르고자 한다.

베리 등에 따르면 문화변용은 "다른 문화와의 접촉을 통해서 장기적으로 개인의 정체성, 태도, 가치, 그리고 행동규범이 변하는 다면적 과정(Berry & Kim, 1988)"을 의미한다. 문화변용 개념은 새로운 환경과의 접촉(contact), 변화된 환경과 조건에 대한 저항 및 갈등(conflict), 적응(adaptation)을 위해 오랜 기간에 걸쳐 선택하게 되는 다양한 행동 패턴을 함축한다. 베리의 설명에 의하면 문화변용의 첫 단계는 이질적인 문화가 서로에게 노출되는 '접촉'이며, 두 번째 단계는 주류사회가 변화의 압력을 가하고 이주민들은 이에 저항하면서 긴장이 고조되는 '갈등'이다. 이러한 갈등과 정체성 혼란의 상황은 '적응'이라는 이주민의 전략적 선택을 통해 해결된다.

이주민 개인 단위의 적응 전략은 '주류 사회(혹은 타 에스닉집단)와의 관계에 대한 의식'과 '고유의 문화 및 정체성 고수 의지' 정도에 따라 통합, 동화, 고립, 주변화 등 네 유형으로 나뉜다. 통합(integration) 전략은 자신의 정체성과 문화를 잃지 않으면서 일상에서 다른 집단과의 교류에 적극적인 경우를 일컫는다. 동화(assimilation) 전략은 자신의 문화적 유산과 정체성을 지키는 것보다는 다른 문화(즉 정착 사회의 문화)에 대한 탐색과 참여를 통해 주류 사회에 대한 진입이 이루어진 경우를 말한다. 분리(separation) 전략은 정착 사회에 대한 관심이나 교류의사가 없으면서 자신들의 고유문화와 정체성을 고수하는 데 전력하는 경우라고 할 수 있다. 주변화(marginality)는 외적 압력으로 인해 자신들의 고유문화를 지키려는 의지나 의사도 크지 않으며, 외부 사회의 차별 등을 이유로 주류 사회와의 교류에도 별 관심을 보이지 않는 유형을 말한다.

이러한 네 가지 유형이 소셜미디어 격차와는 어떻게 연결이 될까? 베리의 적응 유형들을 바탕으로 김용찬과 볼로키치(Kim & Ball-Rokeach, 2009)는 인터넷 등의 뉴미디어 사용이 통합, 동화, 분리, 주변화 등의 결과 모두에 연결될 수 있을 것이라고 전망하였다. 즉 인터넷, 스마트폰, 소셜미디어 등은 개인을 정착사회와 고향사회를 유기적·통합적으로 연결하고 관리할 수 있도록 돕는 매체로 이용할 수도 있고(통합), 정착 사회에 대한 새로운 정보, 학습, 관계 형성 등을 강화하는 고향 사회와는 단절되는 결과를 만들어내는 매체로 이용될 수도 있으며(동화), 물리적으로는 정착 사회에 살고 있지만 사회관계나 소통에서는 여전히 고향 사회와의 유대를 지속하는 데 집중하는 매체가 될 수도 있다(단절). 아니면 게임이나 오락 등 가상 세계에만 함몰하여 정착사회와 고향 사회 모두로부터 단절되는 결과가 나타나는 방식으로 뉴미디어를 사용할 수(주변화)도 있다. 이러한 네 가지 가능성 중에서 중국 동포들은 어느 유형에 더 근접해 있을까? 그리고 인터넷, 스마트폰, SNS 등의 사용 및 이러한 매체들에 대한 의존도는 어떤 방식의 적응 유형을 강화하고, 어떤 방식의 적응 방식을 억제하고 있는가? 본 연구에서는 이런 질문들에 집중하고자 한다.

4. 중국동포들의 사회 참여

이민자들의 정착 사회 적응에서 중요한 부분을 차지하는 것은 새롭게 터전을 마련한 정착 사회의 지역 커뮤니티에 소속감을 갖고, 그곳의 책임 있는 주체로서 자기 결정력을 가지고 다양한 유형의 활동에 참여하는 것이다. 특히 본 연구에서는 집합적 효능감과 지역 참여라는 두 가지 측면으로 중국 동포의 정착 사회 참여를 살펴보았다.

집합적 효능감이란 자기가 속한 집단(즉 중국동포 집단)이 필요가 있다면(예를 들어 공동으로 해결해야 하는 내적·외적 문제가 발생했다면) 함께 힘을 모아 집합 행동을 벌일 수 있는 잠재력이 있는지에 대한 중국동포 스스로의 신념이다. 개인 수준의 자아 효능감이 개인이 어떤 특정 행동을 수행할 수 있을지 스스로의 능력에 대한 신념을 가리키는 것이라면, 집합적 효능감이란 이러한 행동에 대한 신념을 집합적 수준으로 확장시킨 것이라고 할 수 있다.

중국동포들의 숫자가 늘어나고, 서울의 몇몇 특정 지역에 대규모 집락이 생기면서 동포들끼리 함께 공유하는 다양한 문제들이 생겼다. 이러한 문제들 중에는 커뮤니티 내부에서 해결되어야 하는 것들도 있고, 커뮤니티 밖과의 다양한 상호작용을 통해 해결해야 하는 것들도 있다. 중국동포들이 이러한 문제 해결 과정에 참여할 것이냐 아니냐를 결정하는 중요한 요인이 집합적 효능감이다 즉 집합적 효능감은 조직이나 집단 수준에서 문제 해결을 위한 집단적 능력에 대한 공유된 믿음을 가리킨다(Bandura, 1997; Kim & Ball-Roveach, 2006; Sampson, 2012). 샘슨(2012)은 집합적 효능감의 두 가지 차원을 제시하는데 하나는 비공식적 사회통제(informal social control)이고 또 하나는 사회적 결집(social cohesion)이다. 비공식적 사회통제가 특정 지역에 사는 주민들이 지역에서 발생하는 사안에 대해 얼마나 적극적으로 나서서 개입할 것인지에 대한 상호 기대감을 의미한다면, 사회적 결집은 지역 주민들이 서로를 얼마나 신뢰하며 일체감을 공유하고 있는지를 가리킨다. 집합적 효능감은 각 지역별로 불평등하게 분포되어 있는 구조적 자원으로서의 '집합적 능력에 대한 신념'이 어떻게 사회적 실천으로 전환될 수 있는가('activation')를 보여주는 개념인 것이다(Kim & Ball-Roveach, 2006;Sampson, 2012).

5. 소셜미디어 격차와 중국동포의 적응 및 참여

중국동포들의 소셜미디어 이용은 과연 그들이 한국 사회에 적응하고, 새로운 터전의 주민으로서 자기가 살고 있는 환경에 적극적으로 참여하는 데에 어느 정도로 기여할까? 소셜미디어 이용이 이용자들의 사회적 관여와 참여에 어떤 영향을 미칠지에 대한 연구들이 지난 몇 년간 진행되어 왔다. 이 책에서는 이러한 선행 연구들을 기반으로 앞에서 언급한 SNS 의존도의 개념을 사용해서, 'SNS 의존도 정도가 높은 사람들과 그렇지 않은 사람들 사이에는 정착 사회에 대한 적응과 사회 참여에 어떤 차이가 있을까'라는 질문을 던지려 한다. 김용찬 등의 연구에 의하면 SNS 의존도가 높은 사람들이 SNS 상에서 더 적극적으로 소통하고, 오프라인에서도 더 적극적으로 자신의 환경에 개입하고, 자기 환경에 대해 통제력을 발휘하려는 성향을 보인다(Kim & Jung, 2014). 또 다른 연구에 의하면 SNS 의존도가 이용자들이 자기가 거주하는 지역에 대한 소속감, 지역 내에서의 집합적 효능감, 지역 참여 등에 정적인 영향을 미친다(Kim et al., 2019). 그 외에 다른 연구들도 SNS와 이용자 간의 관계의 폭과 깊이가 크면 클수록 다양한 유형의 사회적 참여가 더 적극적으로 나타난다고 밝히고 있다. 이러한 결과가 중국동포와 같은 이주민들 사이에서, 특히 정착 사회에 대한 적응과 이주민의 새로운 지역 사회 참여라는 영역에서도 비슷하게 나타날까? 이러한 질문에 대한 답을 찾아보고자 한다.

제 3 장

조사방법과 연구대상

제3장 조사방법과 연구대상

1. 조사방법

이 연구를 위한 데이터의 수집은 면대면 설문조사를 통해 이루어졌다. 면대면 설문조사는 면접원이 응답자의 집이나 작업장을 방문하여 직접면접을 통해 자료를 수집하는 방법을 말한다. 직접면접 조사자는 필요할 경우 설문문항과 관련된 문제나 배경에 대해 설명을 하고 응답자의 반응을 이끌어내어 기록하도록 하여야 한다. 이를 위해서는 면접조사자와 응답자 간 원활한 언어 소통이 필수적이다. 대상으로 하는 설문조사를 실시하기 위해서는 면접조사자가 한국어와 중국어 모두에 능숙할 필요가 있다. 그뿐만 아니라 중국동포이주민들의 현 상황을 잘 이해하고 설문에 대한 반응을 자유롭게 끌어내는 능력 또한 매우 중요하다. 한국 사회에 대해 다양한 태도를 갖고 있는 중국동포들이 믿을 수 있는 사람들이어야 한다는 점도 중요하다. 이에 대한 종합적 판단하에 중국동포 관련 조사 경험이 상대적으로 풍부한 (사)이주동포정책연구소(現(사)한국이주·동포개발연구원)를 조사협력기관으로 선정하였다. 이 기관을 통해 몇 가지 자격조건을 충족하는(예를 들어 대학 재학 이상의 교육 정도, 한국 생활 3년 이상) 중국동포들을 모집한 뒤 조사원으로 훈련시켜서 면접설문에 투입하였다. 총 33명의 중국동포 출신 조사원들이 설문 조사에 참여하였다.

설문조사는 2012년 11월 2일에서 2013년 1월 30일까지 서울 지역에 거주하는 중국동포들 중 체류 기간이 1년 이상 되는 19세부터 73세까지의 사람들을 대상으로 실시하였다. 면대면 설문조사에는 총 571명이 참여하였다. 그중에서 동일한 항목만으로 답하여 기계적 답변이 의심되는 경우, 평균 응답시간이 30분 미만으로 지나치게 짧은 경우, 응답 내용의 일치율이 70% 이상인 경우, 누락항목이 40%에 이른 경우 등 부실한 응답 65개를 제외하고 최종적으로 506개의 표본을 확보하였다.

표집은 서울시의 25개 구 단위로 실시하였다. 이때 2011년 서울시 출입국외국인정책본부 통계연보 상의 분포를 참고하여 각 구별, 성별, 연령별 응답자를 할당 표집하였다. 연구진은 원활한 조사의 진행을 위해 한국이주·동포개발연구원과 긴밀하게 협조하여 조사 과정 전반을 관리하였다. 수차례의 회의와 면담을 통해 연구 목적과 변인 구성에 대해 연구원 측과 조사원들에게 설명하였고, 담당직원 중 1인(중국동포)의 도움을 받아 설문지에 사용된 용어를 가급적 중국동포들에게 익숙한 것으로 변경하였다. 조사원들이 설문지 내용에 대해 숙지할 수 있도록 연구진은 2회에 걸쳐 연구목적과 설문지의 구성에 대한 교육을 실시하였다. 조사기간 중에는 전화면담을 통해 조사원들이 당초 연구목적과 설문 문항의 의미를 지속적으로 상기할 수 있도록 조치하였다. 이처럼 연구진은 설문조사의 전체 과정 즉 면접원 선정 및 교육, 표본의 표집, 응답지의 감수 등 연구과정의 각 단계를 관리함과 동시에 면밀하게 모니터링하였다.

2. 주요 변인의 측정과 척도

2.1. 미디어 이용

2.1.1. 전통 미디어

설문조사에서 질문한 전통적 미디어의 종류는 총 7가지였다. 일간 신문, TV방송, 라디오방송의 경우 국내 미디어와 중국 미디어로 나누어 각각의 이용량을 질문하였다. 이들 미디어의 경우 하루 평균 이용시간을 질문하였는데 7점 척도(① 전혀 안 읽음(보지 않음) ② 10분 미만 ③ 10~30분 ④ 31분~1시간 ⑤ 1~2시간 ⑥ 2~3시간 ⑦ 3시간 이상)로 응답하도록 하였다. 중국동포 커뮤니티 내에서 발행되는 중국동포 대상 신문에 대해서도 별도로 이용정도를 측정하였다. 중국동포 대상 신문은 격주로 발간되기 때문에 별도의 측정 척도(① 전혀 안 읽음 ② 거의 읽지 않음 ③ 2~3개월에 한 번 정도 ④ 1개월에 한 번 정도 ⑤ 2~3주에 한 번 정도 ⑥ 매주 읽음 ⑦ 일주일에 여러 번 읽음)를 사용하였다.

2.1.2. 뉴미디어

뉴미디어는 크게 인터넷, 스마트폰, SNS로 나누어서 이용정도와 이용패턴을 측정하였다. 각 미디어별로 이용량, 이용서비스 유형, 해당 미디어에 대한 의존도를 측정하였다. 먼저 이용량의 경우 전통 미디어와 마찬가지로 7점 척도로 측정하였다(① 전혀 이용하지 않음 ② 10분 미만 ③ 10~30분 ④ 31분~1시간 ⑤ 1~2시간 ⑥ 2~3시간 ⑦ 3시간 이상). 이용서비스 유형에 대해서는 지난 한 달 동안 한 번이라도 이용한 서비스를 모두 표시하도록 하였다. 예를 들어 인터넷의 경우 이메일, 채팅/메신저, 쇼핑 등 총 19가지 서비스 유형을, 스마트폰은 전화, 문자 메시지, 인터넷 접속 등 총 22가지 서비스 유형을, 그리고 SNS는 카페/온라인 동호회 활동, 뉴스 읽기, 정보 검색 등 총 15가지의 서비스 유형을 제시하고 이들 중 지난 한 달 동안 한 번이라도 이용해 본 것들을 모두 표시하게 했다. 다만 SNS의 경우에는 조사가 이루어진 시기에 SNS 초기 이용자가 많을 것이라는 판단 아래 '지난 한 달'이라는 제한을 주지 않고, 언제든지 한 번이라도 써 본 서비스는 모두 표시하도록 하였다.

한편 뉴미디어 의존도 척도는 앞의 2장에서 설명한대로 미디어체계의존 이론과 관련 선행 연구에 기초하여 개발된 척도를 사용하였다(Kim & Jung, 2014). 이 척도는 개인적 이해추구, 개인적 재미추구, 개인적 방향설정, 사회적 이해추구, 상호작용적 방향설정, 사회적 재미추구, 자기표현추구 등(김용찬 · 신인영, 2013) 7개 차원을 포괄하는 것이다. 본 연구에서는 이주민이라는 특성을 반영하기 위해서 기존 7개 차원에 한국 사회 적응 및 한국에 대한 정보 추구라는 차원을 별도로 포함시켰다. 결국 각각의 뉴미디어(인터넷, 스마트폰, SNS)별로 총 25개 질문 항목을 제시했다. 응답자는 5점 척도(① 전혀 유용하지 않음 ② 유용하지 않은 편임 ③ 보통 ④ 유용한 편임 ⑤ 매우 유용함)하에서 답하도록 하였다.

〈표 3-1〉 인터넷, 스마트폰, SNS의 서비스 유형 제시 예

인터넷		
9-1	이메일	
9-2	채팅/메신저	
9-3	쇼핑	
9-4	뉴스 보기(신문, 방송, 포털 등)	
9-5	금융거래(주식, 인터넷 뱅킹 등)	
9-6	생활정보(날씨, 교통, 영화) 검색	
9-7	학교나 업무 관련 정보 검색	
9-8	게임	
9-9	익명(匿名)으로 의견 개시(토론방, 댓글(发贴) 등)	
9-10	음악 듣기/다운로드(下载)	
9-11	동영상 시청/다운로드	
9-12	책 읽기/다운로드	
9-13	본인 홈페이지/블로그의 운영	
9-14	홈페이지/블로그 방문	
9-15	인터넷 전화(음성/영상)	
9-16	SNS(社会网络服务)	
9-17	카페/커뮤니티(동호회, 팬클럽 등) 활동	
9-18	실시간 TV시청	
9-19	파일 관리(웹하드, N드라이브)	

스마트폰					
12-1	전화		12-12	날씨정보	
12-2	문자메시지		12-13	내비게이션	
12-3	인터넷 접속		12-14	뉴스 보기	
12-4	SNS		12-15	일정관리	
12-5	메신저(QQ 등)		12-16	오락정보	
12-6	게임		12-17	금융	
12-7	음악		12-18	스포츠	
12-8	사진 관리		12-19	건강	
12-9	전자책		12-20	검색	
12-10	교육 서비스		12-21	쇼핑	
12-11	방송 시청		12-22	이메일	

SNS			
① 카페/온라인 동호회 활동		⑧ 게임	
② 뉴스 읽기		⑨ 유명인사의 개인 소식 듣기	
③ 정보검색		⑩ 일반인의 개인 소식 듣기	
④ 특정 개인에게 쪽지 보내기		⑫ 모르는 사람들과 관계 맺기	
⑤ 특정 주제에 대한 내 의견 올리기		⑬ 사진 올리기	
⑥ 특정 주제에 대한 전문가의 견해 듣기		⑭ 동영상 올리기	
⑦ 다른 사람의 글 공유(퍼오기, 전달, RT)		⑮ 인터넷 사이트 주소 링크하기	

2.2. 이용 동기별 커뮤니케이션 채널 이용

뉴스정보, 생활정보, 오락/휴식 등 이용 동기에 따라 중국동포이주민들이 주로 활용하는 커뮤니케이션 채널이 무엇인지 알아보기 위해 주요 미디어(전통미디어와 뉴미디어 포함)와 대인 커뮤니케이션 채널을 제시하고 응답자가 이용한 경험이 있는 방법을 모두 표시하도록 하였다. 먼저 응답자는 18개 커뮤니케이션 채널들 중에서 지난 1년간 뉴스를 얻기 위해 활용한 방법을 모두 골랐다. 18개 채널에는 한국 일간신문, 한국 TV방송, 한국 라디오방송, 중국 일간신문, 중국 TV방송, 중국 라디오방송, 중국동포 대상 신문, 한국 인터넷 웹사이트, 중국 인터넷 웹사이트, SNS(社会网络服务), 단체・교회 제공 소식지・안내문, 공공기관(구청・보건소) 제공 소식지・안내문, 한국 거주 가족・친지와의 대화, 중국 거주 가족・친지와의 대화, 한국 거주 친구・동료・이웃과의 대화, 중국 거주 친구・동료・이웃과의 대화, 전문가와의 상담, 기타 등 매스미디어, 로컬미디어, 대인커뮤니케이션 등이 포함되었다. 같은 방식으로 생활정보를 얻는 채널과, 오락・휴식을 얻는 채널들을 각각 선택하게 하였다.

2.3. 중국동포이주민의 사회 참여

중국동포 커뮤니티에 대한 중국동포이주민들의 사회 참여도를 살펴보기 위해 지역 사회 참여와 집합적 효능감을 측정하였다. 측정 방법은 선행 연구의 것을 중국동포 상황에 맞게 수정하여 사용하였다.

지역 사회 참여의 경우, "나는 중국동포 지역 행사에 참여한 적이 있다", "나는 중국동포 권익 신장을 위한 활동/집회에 참여한 적이 있다" 등 총 9개의 예를 제시하고 참여한 적이 있는 경우를 모두 표시하도록 하였다. 참여한 경험이 있는 것들을 계수하여 새로운 지역사회 참여 범위 변인(scope variable)을 만들었다.

집합적 효능감은 선행연구를 바탕으로(Sampson, Raudenbush, & Earls, 1997; Kim & Ball-Rokeach, 2006) '비공식적 사회 통제'와 '사회적 응집'의 두 하위차원으로 나누어서 측정하였다. **비공식적 사회 통제**의 측정을 위해 "귀하께서는 평소 한국 내 중국동포 사회에서 다음과 같은 상황이 발생한다면 다른 중국동포들이 얼마나 함께 참여하실 것으로 보십니까?"라는 물음 아래 5개 상황을 제시하였다. 5개 상황이란 "동네 치안에 문제가 생겨 주민 차원의 대처가 필요할 때", "유해물질을 배출하는 공장이 동네에 들어오려 해서 이에 대한 대처가 필요할 때", "주민들의 안전을 위해 신호등 설치를 공동 건의하려 할 때", "주민들이 자발적으로 살기 좋은 동네 만드는 사업을 벌이려 할 때"였다. 이들 각각의 상황에 대해 5점 척도(① 아무도 동참 안 함 ② 대부분 동참 안 함 ③ 절반 정도 동참 ④ 대부분 동참 ⑤ 모든 동포들이 동참)로 측정하였다. **사회적 응집**의 경우 "한국 내 중국동포들은 서로 기꺼이 도움을 주려고 한다", "한국 내 중국동포들은 서로 친밀하다", "한국 내 중국동포들은 믿을 만하다", "한국 내 중국동포들은 서로 잘 지내는 편이다", "한국 내 중국동포들의 가치관은 서로 비슷비슷하다" 등 5개 항목을 제시하였고 응답자는 자신이 이에 동의하는 정도를 5점 척도로 표시하였다(① 전혀 그렇지 않음 ② 대체로 그렇지 않은 편 ③ 보통 ④ 대체로 그런 편 ⑤ 매우 그러함). 앞에서 제시한 집합적 효능감의 두 가지 차원은 중국동포들이 자기가 속한 중국동포 커뮤니티 내부에 다양한 문제를 해결할 능력이 있는지에 대한 믿음이라고 할 수 있다.

2.4. 중국동포의 사회문화적 적응

국내 거주 중국동포들이 한국 사회에서 어떤 적응 모습을 보이는가를 살펴보기 위해 다양한 측면에서 이를 검토하였다. 우선 한국 사회에서의 **정주의식**과 이들이 한국 사회에 대해 갖고 있는 **애착감**을 측정하였다. 또한 중국동포이주민들의 한국 사회에 대한 불확실성 인식도 한국 사회적응 수준을 보여줄 수 있다. 낯선 문화에 대한 접촉에서 형성되는 불확실성과 불안감이 커뮤니케이션 효과와 질을 결정하고(Gudykunst, 1985, 1995, 1998) 나아가 이주민의 사회적응에 영향을 미칠 수 있기 때문이다. 중국동포이주민들의 **한국 사회나 한국민에 대한 불확실성 인식**은 선행 연구를 토대로 총 11개 문항으로 질문했는데, "한국 사람들이 보이는 행동은 대체로 예측 가능하다", "한국 사람들과 이야기해 보면 속마음을 쉽게 알 수 있다", "한국 사람들과 대화해 보면 그 사람의 가치관을 쉽게 알 수 있다", "한국 사람들과 대화해 보면 감정 상태를 금방 파악할 수 있다", "나는 한국민과 이야기하면 그 사람의 의사를 쉽게 파악하는 편이다", "한국 사람들은 상대방의 감정을 잘 이해하는 편이다", "내가 직접 만난 한국 사람들은 중국동포의 성실함을 높이 평가한다", "내가 직접 만난 한국 사람들은 더불어 사는 이웃으로 중국동포를 바라본다", "내가 직접 만난 한국 사람들은 중국동포를 차별하는 의식이 강하다", "한국 방송이나 신문에서 표현되는 중국동포의 이미지는 긍정적이다", "인터넷에서 묘사되는 중국동포의 이미지는 대부분 왜곡된 것이다"가 그것이다.

직접적으로 중국동포이주민들의 한국 사회적응 수준을 알아보기 위해 본 연구에서는 배리의 East Asian Acculturation Measure(이하 EAAM) 척도를 이용하였다(Barry, D. T., 2002). EAAM은 베리(Berry,

J. W., 1997)의 4가지 문화변용전략을 기본 틀로 하되, 새로운 사회문화 환경에 유입된 아시아인들의 문화적응의 측정에 초점을 맞춘 것이다. 이에 따라 중국동포이주민들의 적응 전략 유형을 네 가지, 즉 통합, 동화, 분리, 주변화로 나누고 개인이 이들 전략을 각각 어느 정도 사용하고 있는지를 측정하였다.

통합적 적응을 측정하는 문항은 모두 5개였으며, 본 조사에서는 5개 문항을 국내 중국동포들의 상황에 맞게 재구성하였다. 설문조사에 사용된 질문은 "나는 상황에 따라 중국식 혹은 한국식 농담을 적절하게 구사할 수 있다", "나는 중국식 사고방식과 한국식 사고방식 모두에 익숙하다", "중국동포들과 한국 사람들 모두 나를 높이 평가한다", "나는 상대방이 중국동포이든, 한국 사람이든 상관없이 편하다", "나는 중국동포사회와 한국 사회에 친구가 두루두루 많은 편이다" 등이었다. 모든 설문은 5점 척도(① 전혀 그렇지 않음, ② 대체로 그렇지 않음, ③ 보통, ④ 그런 편임, ⑤ 매우 그러함)로 측정하였다.

동화적 적응의 경우 EAAM에서는 총 8개 문항이었으나, 본 조사에서는 국내 상황에 맞지 않는 문항을 제외하고 총 7개 문항으로 구성하였다. 설문조사에 사용된 질문은 "나는 한국에서 쓰는 용어나 외래어에 익숙하다", "나는 글을 쓸 때 주로 한글로 쓴다", "나는 중국동포보다는 한국 사람들과 지내는 것이 더 편하다", "중국동포보다는 한국 사람들이 더 잘 대해 준다", "내 개인사를 이야기할 때 중국동포보다는 한국 사람이 더 편하다", "한국에서 새로 사귄 사람은 주로 한국 사람이다", "일터/직장에서 만나는 사람은 주로 한국 사람이다" 등이었다.

분리적 적응의 경우 EAAM에서는 총 7개 문항으로 측정하나, 본 조사에서는 국내 상황에 맞지 않는 문항을 제외하고 총 6개 문항으로 재구성하였다. 설문조사에 사용된 질문은 "나는 한국 가요보다는 중국에서 듣던 음악이 더 좋다", "나의 가장 가까운 친구는 중국동포다", "나는 중국동포들이 많은 모임을 선호한다", "한국 사람보다는 중국동포들이 나를 선입견 없이 대해준다", "나는 한국 사람보다는 중국동포들과 있을 때 더 편하다", "내 결혼상대 혹은 내 아들・딸의 결혼상대는 중국동포였으면 좋겠다" 등이었다.

주변화의 경우 EAAM의 문항은 총 9개 문항으로 측정하나, 본 연구에서는 국내 상황에 맞지 않는 문항을 제외하고 총 6개 문항으로 재구성하였다. 설문조사에 사용된 질문은 "나는 한국 사회에서도, 중국동포 사회에서도 잘 적응하지 못하는 것 같다", "나는 중국인도 아니고 한국인도 아닌 듯하다", "한국에 살면서 '나를 제대로 이해하는 사람은 아무도 없구나' 하는 생각이 든다", "나는 사람들과의 의사소통에 어려움을 느낀다", "중국동포 사회에서도, 한국 사회에서도 나를 반겨주는 곳은 없는 것 같다", "한국 사람이나 중국동포 모두 신뢰하기 어렵다" 등이었다. 모든 설문은 5점 척도(① 전혀 그렇지 않음, ② 대체로 그렇지 않음, ③ 보통, ④ 그런 편임, ⑤ 매우 그러함)로 측정하였다.

3. 응답자의 인구사회학적 특성

설문조사에 참여한 응답자는 총 506명이었다. 설문조사에 참여한 응답자들의 인구사회학적 특성은 〈표 3-2〉에 제시하였다.

인구사회학적 특성별로 살펴보면 남성은 214명(42.3%), 여성은

〈표 3-2〉 전체 응답자의 인구사회학적 특성(N=506)

변인	항목	사례수	비율
성별	남자	214	42.3
	여자	292	57.7
연령	10대	3	.6
	20대	89	17.6
	30대	127	25.1
	40대	118	23.3
	50대	114	22.5
	60대	38	7.5
	70대 이상	17	3.5
학력	고졸 미만	92	18.2
	고졸	257	50.9
	대학교 재학	20	4.0
	대학교 졸업	105	20.8
	대학원 재학	8	1.6
	대학원 졸업 이상	23	4.6
소득	100만원 미만	62	12.3
	100~149만 원	73	14.4
	150~199만 원	182	36.0
	200만원 이상	109	21.5
거주기간	5년 미만	169	33.4
	5~10년	172	34.0
	10년~15년	83	16.4
	15년 이상	62	12.3

292명(57.7%)이 설문에 참여하였다. 연령대에 따른 분포는 10대 3명(.6%), 20대 89명(17.6%), 30대 127명(25.1%), 40대 118명(23.3%), 50대 114명(22.5%), 60대 38명(7.5%), 70대 이상 17명(3.54%)로 나타났다. 이는 서울 시내 거주 중인 중국동포의 성별, 연령별 구성 비율에 따른 할당표집의 결과였다(2011년 기준).

학력은 고졸 미만 92명(18.2%), 고졸 257명(50.9%), 대학교 재학 20명(4.0%), 대학교 졸업 105명(20.8%), 대학원 재학 8명(1.6%), 대학원 졸업 이상 23명(4.6%)의 분포를 보였다. 즉 고졸의 학력수준을 가진 응답자가 대다수임을 알 수 있다. 응답자들의 소득수준[1]을 살펴보면 평균 153만 원의 가구 월평균소득을 기록하였다. 여기서 100만 원 미만은 62명(12.3%), 100~149만 원은 73명(14.4%), 150~199만 원은 182명(36.0%), 200만 원 이상은 109명(21.5%) 등 총 4개 구간으로 변환하였다. 거주기간은 5년 미만 169명(33.4%), 5~10년 172명(34.0%), 10~15년 83명(16.4%), 15년 이상 62명(12.3%)으로 거주기간이 10년 이하인 사람들이 대다수였다.

1) 소득 수준은 개인의 월평균 수입을 의미하지만, 특별한 수입이 없는 가정주부의 경우 배우자의 월평균 수입을 기재하도록 하였다.

제4장

중국동포이주민의 미디어 이용 현황

제4장 중국동포이주민의 미디어 이용 현황

1. 전통미디어 이용 현황

1.1. 미디어별 이용 현황

1.1.1. 국내 일간신문 이용 현황

국내 거주 중국동포들 중에서 국내 신문을 조금이라도 읽는다는 사람들은 58%였다. 국내 신문을 읽는다는 사람들 중에서 읽는 시간이 10분에서 30분 사이인 사람들이 가장 많은 것으로 나타났다. 하루 평균 국내 일간신문을 읽는 시간을 7개 범주(① 전혀 안 읽음 ② 10분 미만 ③ 10~30분 ④ 31분~1시간 ⑤ 1~2시간 ⑥ 2~3시간 ⑦ 3시간 이상)로 물어본 결과, 전체 응답자 502명 중 국내 일간신문을 전혀 읽지 않는다고 답한 사람은 211명(42.0%)이었고 읽는다고 응답한 사람은 291명(58%)이었다. 국내 일간신문을 읽는 사람들 중에서는 하루 평균 10~30분 정도 읽는다는 응답자가 118명(23.5%)으로 가장 많았고, 10분 미만 99명(19.7%), 31분~1시간 45명(9.0%), 1~2시간 18명(3.6%), 2~3시간 6명(1.2%), 3시간 이상 5명(1.0%) 순으로 나타

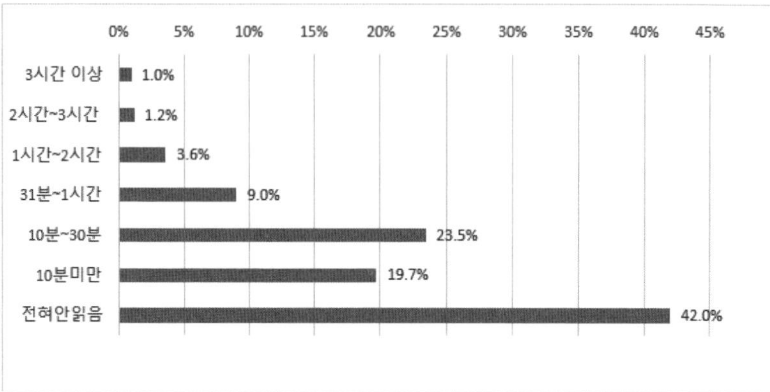

〈그림 4-1〉 국내 거주 중국동포의 국내 일간신문 이용 현황

났다.

국내 거주 중국동포들의 국내 일간신문 이용량은 인구사회학적 특성에 따라 조금씩 차이를 보였다. 성별에 따라서는 국내 일간신문 이용량이 큰 차이를 보이지 않았으나 연령대에 따라서는 유의미하게 달라졌다(χ^2=59.347, df=24, p<.001). 특히 60대 이상 사람들은 다른 연령대에 비해 상대적으로 국내 일간신문을 많이 읽는 것으로 나타났다. 나머지 연령대 중에서는 40대가 비교적 국내 신문을 읽는 비율이 높았다.

중국동포이주민 개인의 학력 및 소득도 국내 일간신문 이용에 차이를 가져오는 요인이었다. 학력이 높고(χ^2=34.940, df=12, p<.001), 소득이 높을수록(χ^2=22.136, df=12, p<.05) 국내 일간신문을 읽는 비율이 높았다.

〈표 4-1〉 중국동포이주민의 주요 특성별 국내 일간신문 이용 현황

	전혀 안 읽음	10분 미만	10~30분	31분~1시간	1~2시간	2~3시간	3시간 이상	합계
성별								
남	90 42.3%	41 19.2%	52 24.4%	20 9.4%	5 2.3%	3 1.4%	2 0.9%	213 100.0%
여	121 41.9%	58 20.1%	66 22.8%	25 8.7%	13 4.5%	3 1.0%	3 1.0%	289 100.0%
연령								
20대 이하	49 53.8%	19 20.9%	15 16.5%	5 5.5%	3 3.3%	0 0%	0 0%	91 100.0%
30대	57 45.2%	22 17.5%	32 25.4%	9 7.1%	1 0.8%	1 0.8%	4 3.2%	126 100.0%
40대	43 36.8%	23 19.7%	37 31.6%	6 5.1%	4 3.4%	3 2.6%	1 0.9%	117 100.0%
50대	50 44.2%	26 23.0%	20 17.7%	13 11.5%	4 3.5%	0 0.0%	0 0.0%	113 100.0%
60대 이상	12 21.8%	9 16.4%	14 25.5%	12 21.8%	6 10.9%	2 3.6%	0 0.0%	55 100.0%
학력								
고졸 미만	56 60.9%	17 18.5%	11 12.0%	5 5.4%	2 2.2%	1 1.1%	0 0%	92 100.0%
고졸	103 40.4%	7 22.4%	62 24.3%	21 8.2%	9 3.5%	3 1.2%	0 0%	255 100.0%
대재 이상	52 33.8%	25 16.2%	45 29.2%	19 12.3%	6 3.9%	2 1.3%	5 3.2%	154 100.0%
소득								
저	68 50.4%	29 21.5%	23 17.0%	7 5.2%	6 4.4%	1 0.7%	0 .7%	135 100.0%
중	57 40.7%	29 20.7%	34 24.3%	11 7.9%	9 6.4%	0 0.0%	0 0.0%	140 100.0%
고	51 34.7%	33 22.4%	44 29.9%	13 8.8%	1 0.7%	2 1.3%	3 2.0%	147 100.0%
거주기간								
5년 미만	83 50.0%	33 19.9%	37 22.3%	9 5.4%	3 1.8%	1 .6%	0 0%	166 100.0%
5~10년	76 44.2%	28 16.3%	38 22.1%	19 11.0%	6 3.5%	2 1.2%	3 1.7%	172 100.0%
10년 이상	45 31.0%	32 22.1%	39 26.9%	15 10.3%	9 6.2%	3 2.1%	2 1.4%	145 100.0%
거주지역								
밀집	118 42.1%	58 20.7%	66 23.6%	22 7.9%	10 3.6%	3 1.1%	3 1.1%	280 100.0%
비밀집	93 41.9%	414 18.5%	52 23.4%	23 10.4%	8 3.6%	3 1.4%	2 0.9%	222 100.0%

*주. 소득의 경우 저(~140만원), 중(141~170만원), 고(171만원~)의 세 집단으로 분류함.
밀집지역은 구로구 · 금천구 · 영등포구 거주자를, 비밀집지역은 그 외 지역 거주자를 의미함.

1.1.2. 국내 TV방송 이용 현황

국내 TV방송 이용 현황을 살펴보면, 국내 거주 중국동포들은 하루 평균 2시간 정도 한국 TV방송을 시청하는 것으로 나타났다. 국내 TV방송 시청시간을 7개 범주(① 전혀 안 봄 ② 10분 미만 ③ 10~30분 ④ 31분~1시간 ⑤ 1~2시간 ⑥ 2~3시간 ⑦ 3시간 이상)로 질문한 결과, 전체 응답자 501명 중 국내 TV방송을 전혀 보지 않는다고 답한 사람은 20명(4.0%)에 불과했으나 1시간 이상이라고 응답한 사람은 332명(66.4%)이었다. 국내 TV방송을 하루 평균 1~2시간 시청한다는 응답자가 114명(22.8%)으로 가장 많았고, 3시간 이상 112명(22.4%), 2~3시간 106명(21.2%), 31분~1시간 84명(16.8%), 10~30분 47명(9.4%), 10분 미만 18명(3.6%) 순으로 나타났다. 국내 거주 중국동포들의 국내 TV방송 이용량의 경우 인구사회학적 특성에 따른 차이는 크지 않았다.

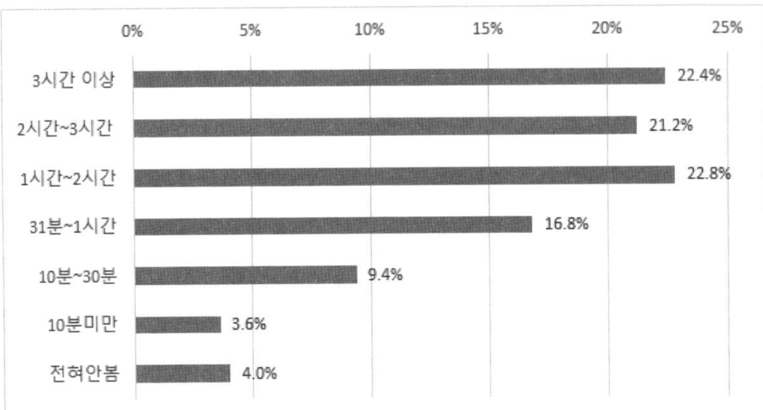

〈그림 4-2〉 국내 거주 중국동포의 국내 TV방송 이용 현황

〈표 4-2〉 중국동포이주민의 주요 특성별 국내 TV방송 이용 현황

	전혀 안 봄	10분 미만	10~30분	31분~1시간	1~2시간	2~3시간	3시간 이상	합계
성별								
남	10 4.8%	6 2.9%	23 11.0%	35 16.7%	51 24.3%	46 21.9%	39 18.6%	210 100.0%
여	10 3.4%	12 4.1%	24 8.2%	49 16.8%	63 21.6%	60 20.6%	73 25.1%	291 100.0%
연령								
20대 이하	6 6.5%	5 5.4%	10 10.9%	19 20.7%	13 14.1%	13 14.1%	26 28.3%	92 100.0%
30대	5 3.9%	8 6.3%	13 10.2%	22 17.3%	26 20.5%	25 19.7%	28 22.0%	127 100.0%
40대	4 3.4%	4 3.4%	16 13.6%	14 11.9%	31 26.3%	27 22.9%	22 18.6%	118 100.0%
50대	3 2.7%	1 .9%	7 6.3%	19 17.0%	32 28.6%	29 25.9%	21 18.8%	112 100.0%
60대 이상	2 3.8%	0 0.0%	1 1.9%	10 19.2%	12 23.1%	12 23.1%	15 28.8%	52 100.0%
학력								
고졸 미만	7 7.7%	7 7.7%	6 6.6%	12 13.2%	18 19.8%	16 17.6%	25 27.5%	91 100.0%
고졸	5 2.0%	7 2.8%	27 10.7%	38 15.0%	61 24.1%	58 22.9%	57 22.5%	253 100.0%
대재 이상	8 5.1%	4 2.6%	14 9.0%	34 21.8%	35 22.4%	31 19.9%	30 19.2%	156 100.0%
소득								
저	8 6.0%	5 3.7%	11 8.2%	23 17.2%	26 19.4%	34 25.4%	27 20.1%	134 100.0%
중	2 1.4%	5 3.5%	21 14.9%	21 14.9%	29 20.6%	33 23.4%	30 21.3%	141 100.0%
고	4 2.7%	6 4.1%	10 6.8%	33 22.4%	40 27.2%	28 19.0%	26 17.7%	147 100.0%
거주기간								
5년 미만	6 3.6%	6 3.6%	18 10.8%	32 19.2%	25 15.0%	38 22.8%	42 25.1%	167 100.0%
5~10년	9 5.3%	7 4.1%	16 9.4%	23 13.5%	50 29.2%	30 17.5%	36 21.1%	171 100.0%
10년 이상	5 3.5%	4 2.8%	12 8.4%	22 15.4%	36 25.2%	36 25.2%	28 19.6%	143 100.0%
거주 지역								
밀집	8 2.9%	10 3.6%	31 11.1%	47 16.8%	60 21.5%	59 21.1%	64 22.9%	279 100.0%
비밀집	12 5.4%	8 3.6%	16 7.2%	37 16.7%	54 24.3%	47 21.2%	48 21.6%	222 100.0%

*주: 소득의 경우 저(~140만 원), 중(141~170만 원), 고(171만 원~)의 세 집단으로 분류함.
밀집지역은 구로구 · 금천구 · 영등포구 거주자를, 비밀집지역은 이외 지역 거주자를 의미함.

1.1.3. 국내 라디오방송 이용 현황

국내 거주 중국동포들의 국내 라디오방송 청취 정도를 살펴본 결과 전혀 안 듣는다는 응답자가 306명(60.5%), 듣는다는 응답자가 196명(39.5%)으로 나타났다. 하루 평균 국내 라디오방송을 듣는 시간을 7개 범주(① 전혀 안 들음 ② 10분 미만 ③ 10~30분 ④ 31분~1시간 ⑤ 1~2시간 ⑥ 2~3시간 ⑦ 3시간 이상)로 나눠 응답하도록 한 결과, 전혀 듣지 않는다는 응답자가 가장 많았고(61%), 10분 미만 57명(11.4%), 하루 평균 10~30분 64명(12.7%), 31분~1시간 30명(6.0%), 1~2시간 23명(4.6%), 2~3시간 12명(2.4%), 3시간 이상 10명(2.0%) 순으로 나타났다.

국내 거주 중국동포들의 국내 라디오방송 이용량은 인구사회학적 특성에 따라 조금씩 차이를 보였다. 특히 연령대에 따라 국내 라디오방송 이용량은 유의미한 차이를 보였는데 60대 이상 연령대에서 상대

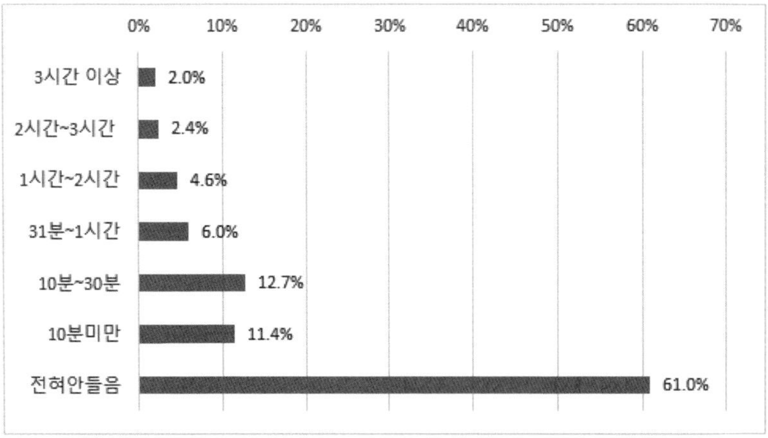

〈그림 4-3〉 국내 거주 중국동포의 국내 라디오방송 이용 현황

〈표 4-3〉 중국동포이주민의 주요 특성별 국내 라디오방송 이용 현황

	전혀 안 들음	10분 미만	10~30분	31분~1시간	1~2시간	2~3시간	3시간 이상	합계
성별								
남	125 59.0%	23 10.8%	30 14.2%	10 4.7%	11 5.2%	7 3.3%	6 2.8%	212 100.0%
여	181 62.4%	34 11.7%	34 11.7%	20 6.9%	12 4.1%	5 1.7%	4 1.4%	290 100.0%
연령								
20대 이하	58 63.0%	14 15.2%	12 13.0%	4 4.3%	2 2.2%	0 0.0%	2 2.2%	92 100.0%
30대	72 56.7%	15 11.8%	14 11.0%	9 7.1%	11 8.7%	2 1.6%	4 3.1%	127 100.0%
40대	62 53.0%	17 14.5%	23 19.7%	8 6.8%	3 2.6%	2 1.7%	2 1.7%	117 100.0%
50대	85 75.9%	8 7.1%	6 5.4%	5 4.5%	1 .9%	5 4.5%	2 1.8%	112 100.0%
60대 이상	29 53.7%	3 5.6%	9 16.7%	4 7.4%	6 11.1%	3 5.6%	0 0.0%	54 100.0%
학력								
고졸 미만	68 74.7%	6 6.6%	6 6.6%	6 6.6%	2 2.2%	2 2.2%	1 1.1%	91 100.0%
고졸	153 60.0%	31 12.2%	30 11.8%	13 5.1%	15 5.9%	6 2.4%	7 2.7%	255 100.0%
대재 이상	84 54.2%	20 12.9%	28 18.1%	11 7.1%	6 3.9%	4 2.6%	2 1.3%	155 100.0%
소득								
저	86 63.7%	18 13.3%	14 10.4%	8 5.9%	7 5.2%	1 .7%	1 .7%	135 100.0%
중	94 66.2%	16 11.3%	17 12.0%	6 4.2%	4 2.8%	3 2.1%	2 1.4%	142 100.0%
고	73 50.3%	19 13.1%	24 16.6%	13 9.0%	6 4.1%	4 2.8%	6 4.1%	145 100.0%
거주 기간								
5년 미만	107 64.1%	21 12.6%	16 9.6%	12 7.2%	5 3.0%	1 .6%	5 3.0%	167 100.0%
5~10년	114 67.1%	18 10.6%	19 11.2%	6 3.5%	7 4.1%	4 2.4%	2 1.2%	170 100.0%
10년 이상	74 51.0%	15 10.3%	27 18.6%	11 7.6%	10 6.9%	6 4.1%	2 1.4%	145 100.0%
거주 지역								
밀집	164 59.2%	30 10.8%	37 13.4%	23 8.3%	11 4.0%	7 2.5%	5 1.8%	277 100.0%
비밀집	142 63.1%	27 12.0%	27 12.0%	7 3.1%	12 5.3%	5 2.2%	5 2.2%	225 100.0%

*주: 소득의 경우 저(~140만원), 중(141~170만원), 고(171만원~)의 세 집단으로 분류함
밀집지역은 구로구 · 금천구 · 영등포구 거주자를, 비밀집지역은 그 외 지역 거주자를 의미함

적으로 국내 라디오방송을 더 많이 접촉하는 것으로 나타났다. 40대도 다른 연령대에 비해서는 국내 라디오방송 이용량이 많은 편이었다 ($\chi^2=47.653$, df=24, $p<.01$).

1.1.4. 중국동포 대상 신문 이용 현황

국내 거주 중국동포들 중에서 중국동포 대상 신문을 읽는 사람들은 52.5% 정도인 것으로 나타났다('전혀 안 읽음'과 '거의 읽지 않음'이라고 응답한 사람들을 제외한 비율). 격주로 발행되는 중국동포 대상 신문들의 상황을 감안하여 7개 범주(① 전혀 안 읽음 ② 거의 읽지 않음 ③ 2~3개월에 한번 정도 ④ 1개월에 한번 정도 ⑤ 2~3주에 한 번 정도 ⑥ 매주 읽음 ⑦ 일주일에 여러 번 읽음)로 질문한 결과, 전체 응답자 506명 중 국내 발행 중국동포 대상 신문을 전혀 읽지 않는다는 응답자는 152명(30.2%)이었고 거의 읽지 않는다는 응답자는 87명(17.3%)이었다. 중

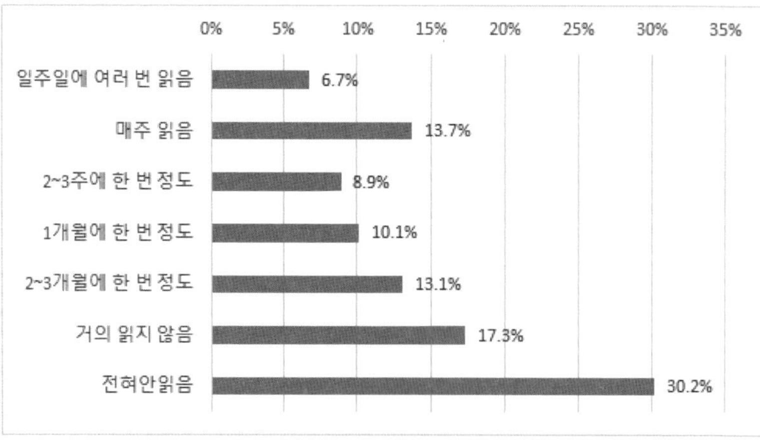

〈그림 4-4〉 국내 거주 중국동포의 중국동포 대상 신문 이용 현황

〈표 4-4〉 중국동포이주민의 주요 특성별 중국동포 대상 신문 이용 현황

	전혀 안 읽음	10분 미만	10~30분	31분~1시간	1~2시간	2~3시간	3시간 이상	합계
성별								
남	60 28.0%	37 17.3%	28 13.1%	27 12.6%	20 9.3%	28 13.1%	14 6.5%	214 100.0%
여	92 31.7%	50 17.2%	38 13.1%	24 8.3%	25 8.6%	41 14.1%	20 6.9%	290 100.0%
연령								
20대 이하	36 39.1%	21 22.8%	10 10.9%	9 9.8%	1 1.1%	9 9.8%	6 6.5%	92 100.0%
30대	39 30.7%	24 18.9%	19 15.0%	14 11.0%	11 8.7%	16 12.6%	4 3.1%	127 100.0%
40대	34 28.8%	15 12.7%	21 17.8%	10 8.5%	14 11.9%	20 16.9%	4 3.4%	118 100.0%
50대	33 29.5%	16 14.3%	11 9.8%	13 11.6%	15 13.4%	10 8.9%%	14 12.5%	112 100.0%
60대 이상	10 18.7%	11 20.0%	5 9.1%	5 9.1%	4 7.3%	14 25.5%	6 10.9%	55 100.0%
학력								
고졸 미만	40 43.5%	24 26.1%	7 7.6%	8 8.7%	4 4.3%	6 6.5%	3 3.3%	92 100.0%
고졸	73 28.5%	35 13.7%	40 15.6%	30 11.7%	24 9.4%	38 14.8%	16 6.3%	256 100.0%
대재 이상	39 25.2%	28 18.1%	19 12.3%	13 8.4%	17 11.0%	24 15.5%	15 9.7%	155 100.0%
소득								
저	46 34.3%	22 16.4%	17 12.7%	9 6.7%	10 7.5%	20 14.9%	10 7.5%	134 100.0%
중	40 28.2%	26 18.3%	25 17.6%	17 12.0%	9 6.3%	19 13.4%	6 4.2%	142 100.0%
고	39 26.4%	25 16.9%	19 12.8%	18 12.2%	16 10.8%	18 12.2%	13 8.8%	148 100.0%
거주 기간								
5년 미만	52 31.0%	35 20.8%	23 13.7%	18 10.7%	7 4.2%	18 10.7%	15 8.9%	168 100.0%
5~10년	55 32.0%	30 17.4%	25 14.5%	18 10.5%	21 12.2%	16 9.3%	7 4.1%	172 100.0%
10년 이상	41 28.3%	20 13.8%	16 11.0%	11 7.6%	15 10.3%	32 22.1%	10 6.9%	145 100.0%
거주 지역								
밀집	67 23.9%	57 20.4%	27 9.6%	30 10.7%	24 8.6%	51 18.2%	24 8.6%	280 100.0%
비밀집	85 37.9%	30 13.4%	39 17.4%	21 9.4%	12 9.4%	18 8.0%	10 4.5%	224 100.0%

*주: 소득의 경우 저(~140만 원), 중(141~170만 원), 고(171만원~)의 세 집단으로 분류함.
밀집지역은 구로구 · 금천구 · 영등포구 거주자를, 비밀집지역은 그 외 지역 거주자를 의미함.

국동포 대상 신문을 읽는다는 응답자들 중 매주 읽는다는 사람들이 69명(13.7%)으로 가장 많았고, '2~3개월에 한 번 정도' 66명(13.1%), '1개월에 한 번 정도' 51명(10.1%), '2~3주에 한 번 정도' 45명(8.9%), '일주일에 여러 번 읽음'은 34명(6.7%)으로 나타났다.

중국동포이주민들의 중국동포 대상 신문 이용량을 인구사회학적 특성에 따라 살펴본 결과는 〈표 4-4〉에 제시하였다. 먼저 연령대별로 중국동포 대상 신문 이용량에서 유의미한 차이가 나타났다(χ^2=45.190, df=24, p<.01). 20대 이하 연령대의 경우 중국동포 대상 신문을 전혀 이용하지 않는 응답자 비중이 다른 연령대에 비해 컸다. 그러나 30대 이후부터는 연령에 따라서 중국동포 대상 신문 이용이 전반적으로 늘고 있음을 알 수 있다. 응답자의 학력 수준도 중국동포 대상 신문 이용량의 차이를 야기하는 요인이었다(χ^2=28.507, df=12, p<.01). 학력 수준이 높을수록 이용량이 상대적으로 느는 것으로 나타났다. 거주기간 측면에서 살펴보면, 국내에서 오래 거주한 응답자들이 거주기간이 짧은 사람들보다 중국동포 대상 신문을 더 많이 보는 것으로 나타났다(χ^2=25.085, df=12, p<.05). 또한 중국동포 밀집 거주지역이 형성되어 있는 영등포구와 구로구 등지에 사는 응답자일수록 중국동포 대상 신문을 이용하는 정도가 높은 것으로 나타났다(χ^2=30.179, df=6, p<.001). 반면 성별과 소득의 경우 중국동포 대상 신문 이용량에 큰 차이를 가져오는 요인은 아니었다.

1.1.5. 중국 일간신문 이용 현황

국내 거주 중국동포들이 인터넷이나 다양한 경로를 통해 중국 본토에서 발행되는 중국 일간신문을 이용하는 현황을 살펴본 결과 매일

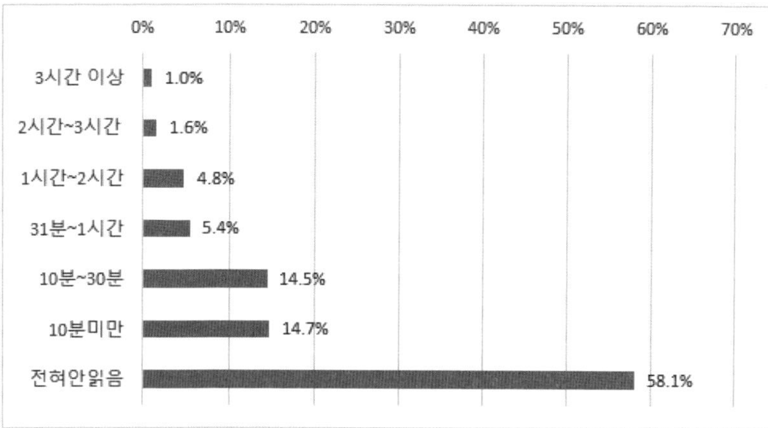

〈그림 4-5〉 국내 거주 중국동포의 중국 일간신문 이용 현황

조금이라도 읽는다는 응답자가 전체의 41.9%로 나타났다. 하루 평균 중국 일간신문을 읽는 시간을 7개 범주(① 전혀 안 읽음 ② 10분 미만 ③ 10~30분 ④ 31분~1시간 ⑤ 1~2시간 ⑥ 2~3시간 ⑦ 3시간 이상)로 질문하였다. 중국 일간신문을 전혀 읽지 않는다고 답한 사람은 292명(58.1%)이었다. 중국 일간신문을 읽는 사람들 중에서는 하루 평균 10분 미만이 74명(14.7%)으로 가장 많았고, 10~30분 73명(14.5%), 31분~1시간 27명(5.4%), 1~2시간 24명(4.8%), 2~3시간 8명(1.6%), 3시간 이상 5명(1.0%) 순으로 나타났다.

국내 거주 중국동포들의 중국 일간신문 이용량은 학력과 거주 지역에 따라 차이를 보였다. 우선 학력이 높을수록 중국 일간신문을 이용하는 비율이 높았다(χ^2=26.802, df=12, p<.01). 중국동포 밀집거주 지역에 사는 응답자들이 다른 비밀집 거주 지역에 사는 응답자들에 비해 중국 일간신문을 이용하는 비율이 높았다(χ^2=22.489, df=6, p<.01). 통계적으로 유의미한 차이는 아니었지만, 대체적으로 60대

〈표 4-5〉 중국동포이주민의 주요 특성별 중국 일간신문 이용 현황

	전혀 안 읽음	10분 미만	10~30분	31분~1시간	1~2시간	2~3시간	3시간 이상	합계
성별								
남	116 54.5%	31 14.6%	41 19.2%	10 4.7%	11 5.2%	2 .9%	2 .9%	213 100.0%
여	176 60.7%	43 14.8%	32 11.0%	17 5.9%	13 4.5%	6 2.1%	3 1.0%	290 100.0%
연령								
20대 이하	51 55.4%	18 19.6%	11 12.0%	4 4.3%	5 5.4%	1 1.1%	2 2.2%	92 100.0%
30대	76 59.8%	19 15.0%	17 13.4%	8 6.3%	6 4.7%	0 0.0%	1 .8%	127 100.0%
40대	75 63.6%	12 10.2%	19 16.1%	7 5.9%	3 2.5%	1 .8%	1 .8%	118 100.0%
50대	70 63.1%	16 14.4%	11 9.9%	5 4.5%	6 5.4%	2 1.8%	1 .9%	111 100.0%
60대 이상	20 36.4%	9 16.4%	15 27.3%	3 5.5%	4 7.3%	4 7.3%	0 0.0%	55 100.0%
학력								
고졸 미만	63 68.5%	17 18.5%	9 9.8%	1 1.1%	2 2.2%	0 0.0%	0 0.0%	92 100.0%
고졸	151 59.4%	35 13.8%	33 13.0%	19 7.5%	11 4.3%	4 1.6%	1 .4%	254 100.0%
대재이상	78 50.0%	22 14.1%	31 19.9%	6 3.8%	11 7.1%	4 2.6%	4 2.6%	156 100.0%
소득								
저	77 57.9%	23 17.3%	13 9.8%	11 8.3%	6 4.5%	3 2.3%	0 0.0%	133 100.0%
중	92 64.8%	17 12.0%	17 12.0%	11 7.7%	2 1.4%	2 1.4%	1 .7%	142 100.0%
고	81 54.7%	26 17.6%	27 18.2%	2 1.4%	10 6.8%	1 .7%	1 .7%	148 100.0%
거주 기간								
5년 미만	98 58.3%	23 13.7%	24 14.3%	8 4.8%	12 7.1%	1 .6%	2 1.2%	168 100.0%
5~10년	106 62.4%	25 14.7%	20 11.8%	10 5.9%	4 2.4%	3 1.8%	2 1.2%	172 100.0%
10년 이상	80 55.2%	18 12.4%	27 18.6%	9 6.2%	7 4.8%	4 2.8%	0 0.0%	145 100.0%
거주 지역								
밀집	139 49.8%	46 16.5%	45 16.1%	20 7.2%	20 7.2%	5 1.8%	4 1.4%	279 100.0%
비밀집	153 68.3%	28 12.5%	28 12.5%	7 3.1%	4 1.8%	3 1.3%	1 .4%	224 100.0%

*주: 소득의 경우 저(~140만원), 중(141~170만원), 고(171만원~)의 세 집단으로 분류함.
밀집지역은 구로구·금천구·영등포구 거주자를, 비밀집지역은 그 외 지역 거주자를 의미함.

이상 연령층이 다른 연령층에 비해 중국 일간 신문을 이용하는 정도가 높은 것으로 나타났다.

1.1.6. 중국 TV방송 이용 현황

국내 거주 중국동포들이 인터넷 등을 통해 중국 TV방송을 이용하는 정도를 살펴보면, 응답자 중 41.8%가 중국 TV방송을 시청하고 있는 것으로 나타났다. 하루 평균 중국 TV방송을 보는 시간을 7개 범주(① 전혀 안 봄 ② 10분 미만 ③ 10~30분 ④ 31분~1시간 ⑤ 1~2시간 ⑥ 2~3시간 ⑦ 3시간 이상)로 물어본 결과, 중국 TV방송을 전혀 보지 않는다고 답한 사람이 294명(58.2%)으로 가장 많았으나 유무선 인터넷 등 다양한 경로를 통해 중국 TV방송을 이용하는 응답자도 211명에 달했다. 중국 TV방송을 본다는 응답자 중 하루 평균 10~30분이 62명(12.3%)으로 가장 많았고 10분 미만 52명(10.3%), 1~2시간 39명

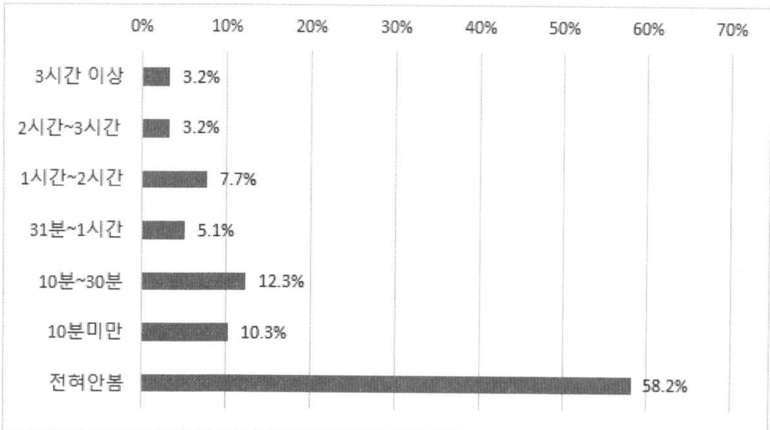

〈그림 4-6〉 국내 거주 중국동포의 중국 TV방송 이용 현황

〈표 4-6〉 중국동포이주민의 주요 특성별 중국 TV방송 이용 현황

	전혀 안 봄	10분 미만	10~30분	31분~1시간	1~2시간	2~3시간	3시간 이상	합계
성별								
남	117 54.7%	20 9.3%	37 17.3%	10 4.7%	18 8.4%	7 3.3%	5 2.3%	214 100.0%
여	177 60.8%	32 11.0%	25 8.6%	16 5.5%	21 7.2%	9 3.1%	11 3.8%	291 100.0%
연령								
20대 이하	43 46.7%	13 14.1%	13 14.1%	7 7.6%	11 12.0%	2 2.2%	3 3.3%	92 100.0%
30대	72 56.7%	14 11.0%	17 13.4%	5 3.9%	9 7.1%	6 4.7%	4 3.1%	127 100.0%
40대	71 60.2%	15 12.7%	14 11.9%	8 6.8%	4 3.4%	2 1.7%	4 3.4%	118 100.0%
50대	77 68.1%	7 6.2%	10 8.8%	3 2.7%	10 8.8%	4 3.5%	2 1.8%	113 100.0%
60대 이상	31 56.4%	3 5.5%	8 14.5%	3 5.5%	5 9.1%	2 3.6%	3 5.5%	55 100.0%
학력								
고졸 미만	75 81.5%	3 3.3%	5 5.4%	2 2.2%	2 2.2%	1 1.1%	4 4.3%	92 100.0%
고졸	141 55.1%	26 10.2%	37 14.5%	15 5.9%	21 8.2%	10 3.9%	6 2.3%	256 100.0%
대재 이상	78 50.0%	23 14.7%	20 12.8%	9 5.8%	15 9.6%	5 3.2%	6 3.8%	156 100.0%
소득								
저	75 55.6%	18 13.3%	12 8.9%	5 3.7%	18 13.3%	4 3.0%	3 2.2%	135 100.0%
중	84 59.2%	18 12.7%	17 12.0%	10 7.0%	7 4.9%	2 1.4%	4 2.8%	142 100.0%
고	84 56.8%	15 10.1%	24 16.2%	5 3.4%	9 6.1%	7 4.7%	4 2.7%	148 100.0%
거주 기간								
5년 미만	86 51.2%	18 10.7%	26 15.5%	7 4.2%	17 10.1%	8 4.8%	6 3.6%	168 100.0%
5~10년	102 59.3%	20 11.6%	17 9.9%	11 6.4%	13 7.6	5 2.9%	4 2.3%	172 100.0%
10년 이상	93 64.1%	12 8.3%	19 13.1%	7 4.8%	7 4.8%	3 2.1%	4 2.8%	145 100.0%
거주 지역								
밀집	144 51.4%	28 10.0%	43 15.4%	20 7.1%	21 7.5%	11 3.9%	13 4.6%	280 100.0%
비밀집	150 66.7%	24 10.7%	19 8.4%	6 2.7%	18 8.0%	5 2.2%	3 1.3%	225 100.0%

*주: 소득의 경우 저(~140만 원), 중(141~170만 원), 고(171만 원~)의 세 집단으로 분류함.
밀집지역은 구로구・금천구・영등포구 거주자를, 비밀집지역은 그 외 지역 거주자를 의미함.

(7.7%), 31분~1시간 26명(5.1%), 2~3시간 16명(3.2%), 3시간 이상 16명(3.2%) 순으로 나타났다. 즉 20% 이상이 중국 TV방송을 적어도 1시간 이상 시청하고 있는 것이다.

국내 거주 중국동포들의 중국 TV방송 이용량은 학력, 거주지역에 따라 차이를 보이고 있다. 고졸 이상의 학력 수준을 가진 응답자들이 고졸 미만의 학력수준을 가진 응답자들에 비해 상대적으로 중국 TV방송 이용 비율이 높았다($\chi^2=32.107$, $df=12$, $p<.001$). 한편 거주지역에 따라서도 중국 TV방송 이용량은 차이를 보였다($\chi^2=20.240$, $df=6$, $p<.01$). 중국동포 밀집거주지역에 사는 응답자들이 비밀집거주지역에 사는 응답자들에 비해 중국 TV방송을 이용하는 비율이 높았다.

1.1.7. 중국 라디오방송 이용 현황

국내 거주 중국동포들의 중국 라디오방송 이용 현황을 살펴본 결과,

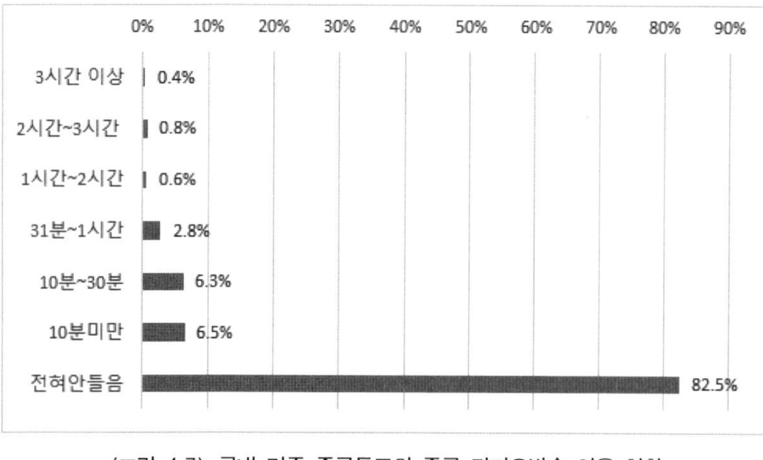

〈그림 4-7〉 국내 거주 중국동포의 중국 라디오방송 이용 현황

〈표 4-7〉 중국동포이주민의 주요 특성별 중국 라디오방송 이용 현황

	전혀 안 들음	10분 미만	10~30분	31분~1시간	1~2시간	2~3시간	3시간 이상	합계
성별								
남	172 80.4%	17 7.9%	19 8.9%	3 1.4%	1 .5%	1 .5%	1 .5%	214 100.0%
여	244 84.1%	16 5.5%	13 4.5%	11 3.8%	2 .7%	3 1.0%	1 .3%	290 100.0%
연령								
20대 이하	74 80.4%	7 7.6%	9 9.8%	2 2.2%	0 0.0%	0 0.0%	0 0.0%	92 100.0%
30대	104 81.9%	8 6.3%	4 3.1%	6 4.7%	0 0.0%	3 2.4%	2 1.6%	127 100.0%
40대	96 81.4%	6 5.1%	11 9.3%	3 2.5%	1 .8%	1 .8%	0 0.0%	118 100.0%
50대	102 90.3%	6 5.3%	3 2.7%	1 0.9%	1 0.9%	0 0.0%	0 0.0%	113 100.0%
60대 이상	40 74.1%	6 1.1%	5 9.3%	2 3.7%	1 1.9%	0 3.6%	0 0.0%	54 100.0%
학력								
고졸 미만	83 90.2%	2 2.2%	5 5.4%	2 2.2%	0 0.0%	0 0.0%	0 0.0%	92 100.0%
고졸	214 83.9%	16 6.3%	15 5.9%	5 2.0%	3 1.2%	1 .4%	1 .4%	255 100.0%
대재 이상	118 75.6%	15 9.6%	12 7.7%	7 4.5%	0 0.0%	3 1.9%	1 .6%	156 100.0%
소득								
저	113 84.3%	7 5.2%	6 4.5%	6 4.5%	2 1.5%	0 0.0%	0 0.0%	134 100.0%
중	124 87.3%	6 4.2%	10 7.0%	2 1.4%	0 0.0%	0 0.0%	0 0.0%	142 100.0%
고	117 79.1%	12 8.1%	11 7.4%	3 2.0%	0 0.0%	3 2.0%	2 1.4%	148 100.0%
거주 기간								
5년 미만	137 81.5%	14 8.3%	13 7.7%	3 1.8%	0 0.0%	1 .6%	0 .0%	168 100.0%
5~10년	145 84.3%	8 4.7%	7 4.1%	8 4.7%	1 .6%	2 1.2%	1 .6%	172 100.0%
10년 이상	119 82.6%	9 6.3%	11 7.6%	2 1.4%	2 1.4%	0 0.0%	1 .7%	144 100.0%
거주 지역								
밀집	218 78.1%	23 8.2%	25 9.0%	8 7.1%	2 .7%	3 1.1%	0 0.0%	279 100.0%
비밀집	198 88.0%	10 4.4%	7 3.1%	6 2.7%	1 .4%	1 .4%	2 .9%	225 100.0%

*주: 소득의 경우 저(~140만원), 중(141~170만원), 고(171만원~)의 세 집단으로 분류함.
밀집지역은 구로구·금천구·영등포구 거주자를, 비밀집지역은 그 외 지역 거주자를 의미함.

전혀 안 듣는다는 응답자가 416명(82.5%)이었고, 듣는다는 응답자는 88명(17.5%)에 그쳤다. 하루 평균 국내 라디오방송을 듣는 시간을 7개 범주(① 전혀 안 들음 ② 10분 미만 ③ 10~30분 ④ 31분~1시간 ⑤ 1~2시간 ⑥ 2~3시간 ⑦ 3시간 이상)로 질문하였는데, 전혀 듣지 않는다는 응답자가 416명(82.5%)으로 가장 많았고 하루 평균 10분 미만으로 청취한다는 응답자가 33명(6.5%), 10~30분 32명(6.3%), 31분~1시간 14명(2.8%), 1~2시간 3명(0.6%), 2~3시간 4명(2.4%), 3시간 이상 2명(0.4%)으로 나타났다.

국내 거주 중국동포들의 중국 라디오방송 이용량은 인구사회학적 특성에 따라서는 큰 차이를 보이지 않았다. 다만 응답자가 거주하는 지역이 중국동포 밀집거주지역인지 여부에 따라 유의미한 차이가 나타났다. 중국동포 밀집지역 거주자들이 다른 곳에 사는 거주자들에 비해 중국 라디오방송을 이용하는 비율이 높았다(χ^2=14.204, df=6, $p<.05$).

2. 중국동포이주민의 뉴미디어 이용 현황

2.1. 인터넷

2.1.1. 인터넷 이용 정도

2.1.1.1. 인터넷 이용량

하루 평균 인터넷을 이용하는 시간을 7개 범주(① 전혀 안 씀 ② 10분 미만 ③10~30분 ④31분~1시간 ⑤1~2시간 ⑥2~3시간 ⑦3시간 이상)로 물

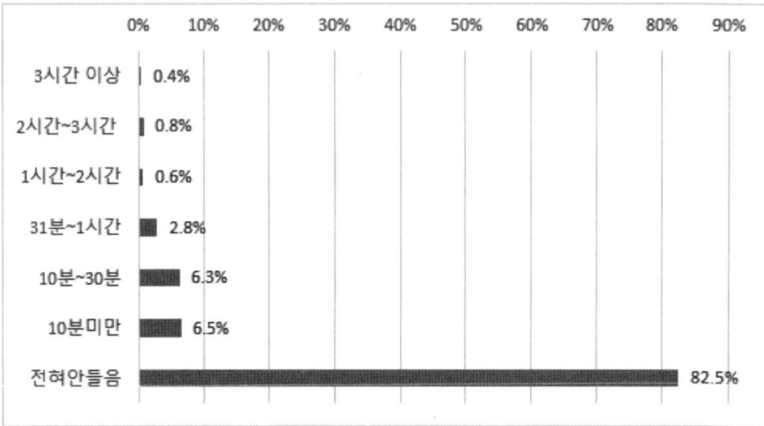

*주. 소득의 경우 저(~140만원), 중(141~170만원), 고(171만원~)의 세 집단으로 분류함.
밀집지역은 구로구 · 금천구 · 영등포구 거주자를, 비밀집지역은 이외 지역 거주자를 의미함.

〈그림 4-8〉 국내 거주 중국동포의 인터넷 이용 정도

어본 결과, 전체 응답자 502명 중 이용한다고 응답한 사람은 329명(65.5%)이었고, 전혀 이용하지 않는다고 답한 사람은 173명(34.5%)이었다. 인터넷을 이용하는 사람들 중에서는 하루 평균 3시간 이상 이용한다는 응답자가 120명(23.9%)으로 가장 많았고, 10~30분 52명(10.4%), 31분~1시간 51명(10.2%), 1~2시간 45명(9.0%), 2~3시간 38명(7.6%), 10분 미만 23명(4.6%) 순으로 나타났다.

2.1.1.2. 인구사회학적 특성별 이용 현황

국내 거주 중국동포들의 인터넷 이용량은 인구사회학적 특성에 따라 차이를 보였다. 성별에 따라서는 인터넷 이용량이 큰 차이를 보이지 않았다. 연령대에 따라서는 유의미한 차이를 보였는데(χ^2=194.923, df=24, p<.001), 연령대가 낮아질수록 인터넷을 많이 이용하는 것으로 나타났다. 중국동포 개인의 학력 및 거주기간도 인터넷 이용량에

〈표 4-8〉 중국동포이주민의 주요 특성별 인터넷 이용 현황

	전혀 이용 안 함	10분 미만	10~30분	31분~1시간	1~2시간	2~3시간	3시간 이상	합계
성별								
남	75 35.2%	9 4.2%	21 9.9%	22 10.3%	13 6.1%	23 10.8%	50 23.5%	213 100.0%
여	98 33.9%	14 4.8%	31 10.7%	29 10.0%	32 11.1%	15 5.2%	70 24.2%	289 100.0%
연령								
20대 이하	10 10.9%	2 2.2%	4 4.3%	10 10.9%	5 5.4%	11 12.0%	50 54.3%	92 100.0%
30대	18 14.2%	2 1.6%	16 12.6%	16 12.6%	19 15.0%	18 14.2%	38 29.9%	127 100.0%
40대	35 30.2%	10 8.6%	18 15.5%	16 13.8%	14 12.1%	6 5.2%	17 14.7%	116 100.0%
50대	67 59.3%	7 6.2%	11 9.7%	8 7.1%	4 3.5%	3 2.7%	13 11.5%	113 100.0%
60대 이상	43 79.6%	2 3.7%	3 5.6%	1 1.9%	3 5.6%	0 0.0%	2 3.7%	54 100.0%
학력								
고졸 미만	54 60.0%	7 7.8%	8 8.9%	3 3.3%	5 5.6%	5 5.6%	8 8.9%	90 100.0%
고졸	89 34.8%	13 5.1%	31 12.1%	29 11.3%	23 9.0%	25 9.8%	46 18.0%	256 100.0%
대재 이상	30 19.2%	3 1.9%	13 8.3%	19 12.2%	17 10.9%	8 5.1%	66 42.3%	156 100.0%
소득								
저	48 35.8%	5 3.7%	11 8.2%	14 10.4%	8 6.0%	13 9.7%	35 26.1%	134 100.0%
중	60 42.3%	8 5.6%	12 8.5%	14 9.9%	13 9.2%	8 5.6%	27 19.0%	142 100.0%
고	33 22.3%	8 5.4%	22 14.9%	14 9.5%	16 10.8%	11 7.4%	44 29.7%	148 100.0%
거주 기간								
5년 미만	54 32.3%	5 3.0%	13 7.8%	15 9.0%	9 5.4%	18 10.8%	53 31.7%	167 100.0%
5~10년	57 33.1%	8 4.7%	16 9.3%	23 13.4%	23 13.4%	11 6.4%	34 19.8%	172 100.0%
10년 이상	58 40.6%	9 6.3%	22 15.4%	12 8.4%	11 7.7%	6 4.2%	25 17.5%	143 100.0%
거주 지역								
밀집	88 31.8%	14 5.1%	35 12.6%	25 9.0%	21 7.6%	19 6.9%	75 27.1%	277 100.0%
비밀집	85 37.8%	9 4.0%	17 7.6%	26 11.6%	24 10.7%	19 8.4%	45 20.0%	225 100.0%

*주. 소득의 경우 저(~140만원), 중(141~170만원), 고(171만원~)의 세 집단으로 분류함.
밀집지역은 구로구·금천구·영등포구 거주자를, 비밀집지역은 그 외 지역 거주자를 의미함.

차이를 가져오는 요인이었다. 학력이 높고(χ^2=78.276, df=12, p<.001), 거주기간이 짧을수록(χ^2=29.964, df=12, p<.01) 인터넷을 이용하는 시간이 길었다.

2.1.2. 인터넷 이용서비스 유형

2.1.2.1. 서비스 유형별 인터넷 이용 현황

국내 거주 중국동포들이 인터넷에서 이용할 수 있는 서비스를 총 19개의 유형으로 분류하고 해당 서비스의 이용 경험을 물어보았다. 중국동포들 중에서 인터넷 사용자 329명 중 76.9%는 '뉴스보기' 서

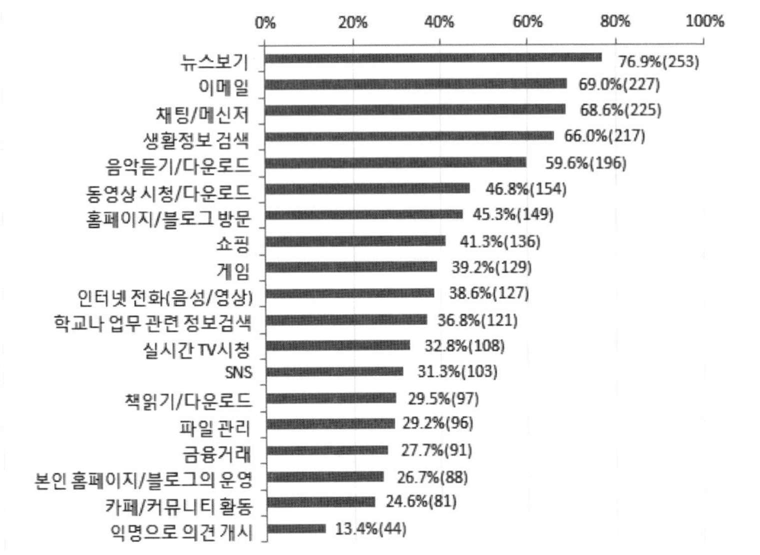

*주. 인터넷을 이용하는 응답자(n=329) 중 각 서비스를 이용한다고 한 응답자 수와 비율을 의미함.

〈그림 4-9〉 국내 거주 중국동포들의 인터넷 서비스 유형별 이용 현황(n=329)

비스를 이용해 본 경험이 있었고, 다음으로는 '이메일' 69.0%, '채팅/메신저' 68.6%, '생활정보 검색' 66.0%, '음악듣기/다운로드' 59.6%, '동영상 시청/다운로드' 46.8%, '홈페이지/블로그 방문' 45.3%, '쇼핑' 41.3%, '게임' 39.2%, '인터넷 전화(음성/영상)' 38.6%, '학교나 업무 관련 정보검색' 36.8%, '실시간 TV시청' 32.8%, 'SNS' 31.3%, '책읽기/다운로드' 29.5%, '파일 관리' 29.2%, '금융거래' 27.7%, '본인 홈페이지/블로그의 운영' 26.7%, '카페/커뮤니티 활동' 24.6%, '익명으로 의견 개시' 13.4%의 순으로 해당 유형의 서비스를 인터넷을 통해 이용하는 것으로 나타났다.

2.1.2.2 인구사회학적 특성별 인터넷 이용 현황

이용 서비스 유형별로 성별 차이를 살펴본 결과, 남성들은 인터넷

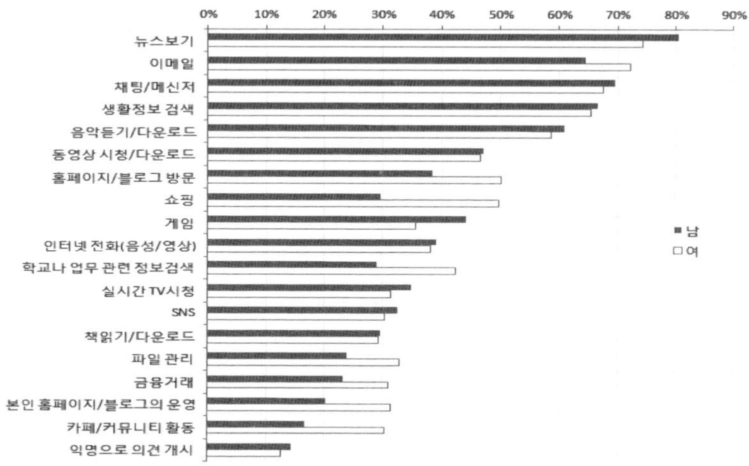

*주. 그래프 상의 비율은 각 성별 인터넷 이용자 중 해당 인터넷 서비스 이용자 비율을 의미함.

〈그림 4-10〉 성별 인터넷 서비스 이용 유형

을 통해 '뉴스(80.4%)', '채팅/메신저(69.6%)', '생활정보 검색(66.7%)', '이메일(64.5%)', '음악듣기/다운로드(60.9%)', 그리고 '게임(44.2%)'을 주로 하는 것으로 나타났다. 여성들도 일반적으로 비슷한 패턴을 보였는데 '뉴스(74.3%)', '이메일(72.3%)', '채팅/메신저(67.5%)', '생활정보 검색(65.4%)'의 순으로 많이 이용하는 것으로 나타났다. 하지만 여자

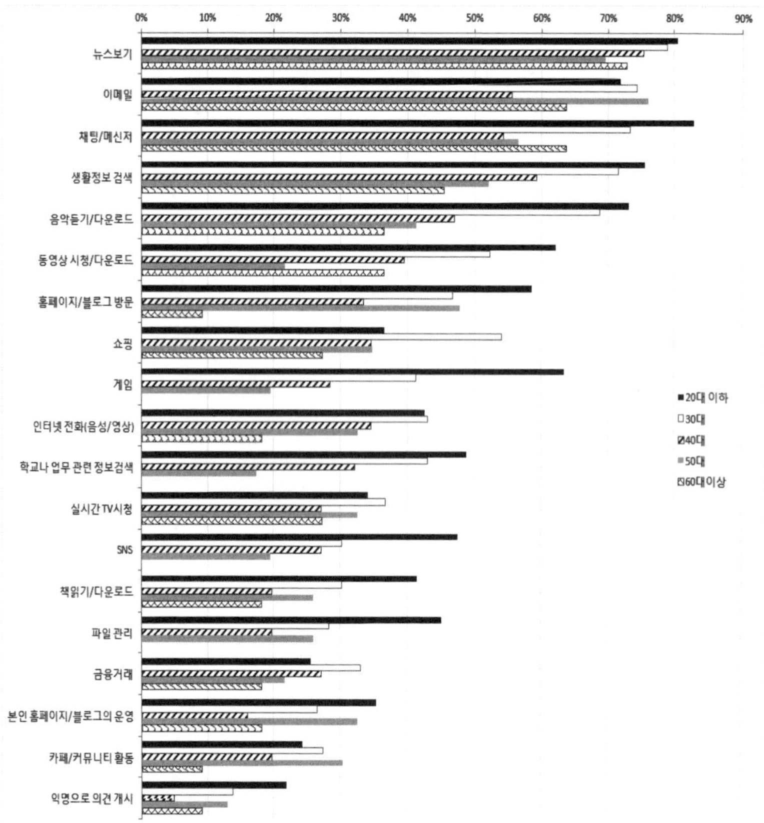

*주. 그래프 상의 비율은 각 연령별 인터넷 이용자 중 해당 인터넷 서비스 이용자 비율을 의미함.

〈그림 4-11〉 연령대별 인터넷 서비스 이용 유형

들의 경우에는 남자들에 비해 '홈페이지/블로그 운영 및 방문(50.3%)', '쇼핑(49.7%)', '카페/커뮤니티 활동(30.4%)', '학교나 업무 관련 정보 검색(42.4%)' 등을 이용하는 비율이 더 큰 것으로 나타났다.

연령대별로 살펴보면 20대의 경우에는 '뉴스보기', '생활정보 검색', '이메일', '음악듣기/다운로드', '게임' 순으로 이용 비율이 높았다. 30대에서는 '뉴스보기', '이메일', '채팅/메신저', '생활정보 검색', '음악듣기/

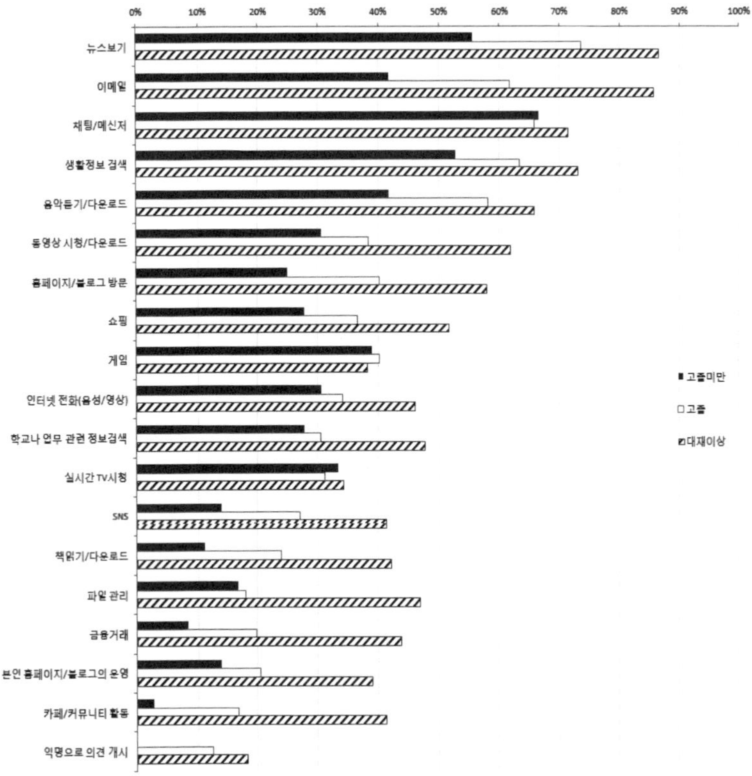

*주. 그래프 상의 비율은 각 학력별 인터넷 이용자 중 해당 인터넷 서비스 이용자 비율을 의미함

〈그림 4-12〉 학력별 인터넷 서비스 이용 유형

다운로드' 외에 '쇼핑'의 이용 비율이 높았다. 40대 이상의 경우 '뉴스보기', '생활정보검색', '이메일', '채팅/메신저' 등의 비율이 높았는데 특히 인터넷 전화의 이용비율이 두드러진 것이 특징적이다.

학력별로 인터넷 이용 서비스 유형을 비교해보면, 고졸 미만 학력자 집단에서는 '채팅/메신저(66.7%)', '뉴스(55.6%)', '생활정보 검색(52.8%)', '게임(38.9%)', '음악듣기/다운로드(41.7%)'의 이용비율이 높았다. 고졸 학력자들의 경우에는 '뉴스(73.7%)', '채팅/메신저(65.9%)', '생활정보

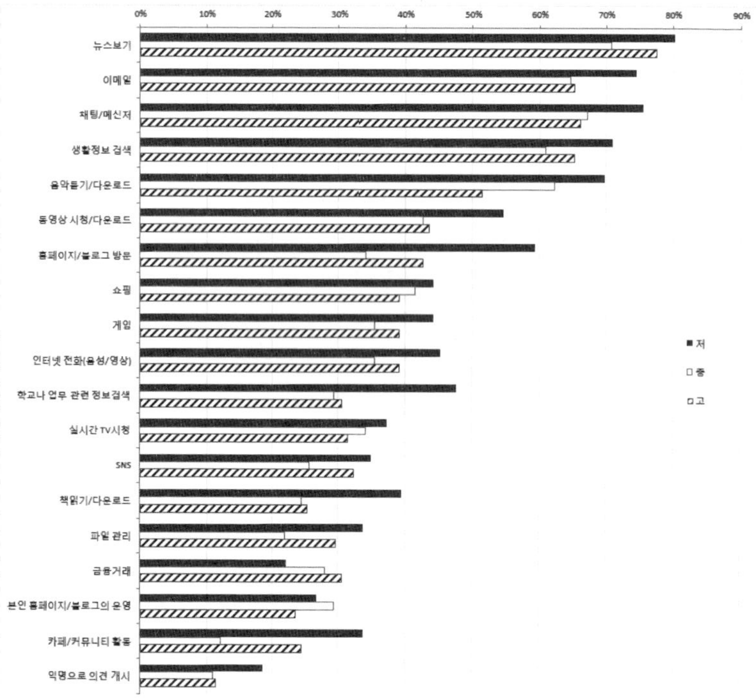

*주. 그래프 상의 비율은 각 소득수준 인터넷 이용자 중 해당 인터넷 서비스 이용자 비율을 의미함
저소득(~140만원), 중간 소득(141~170만원), 고소득(171만원~)

〈그림 4-13〉 소득수준별 인터넷 서비스 이용 유형

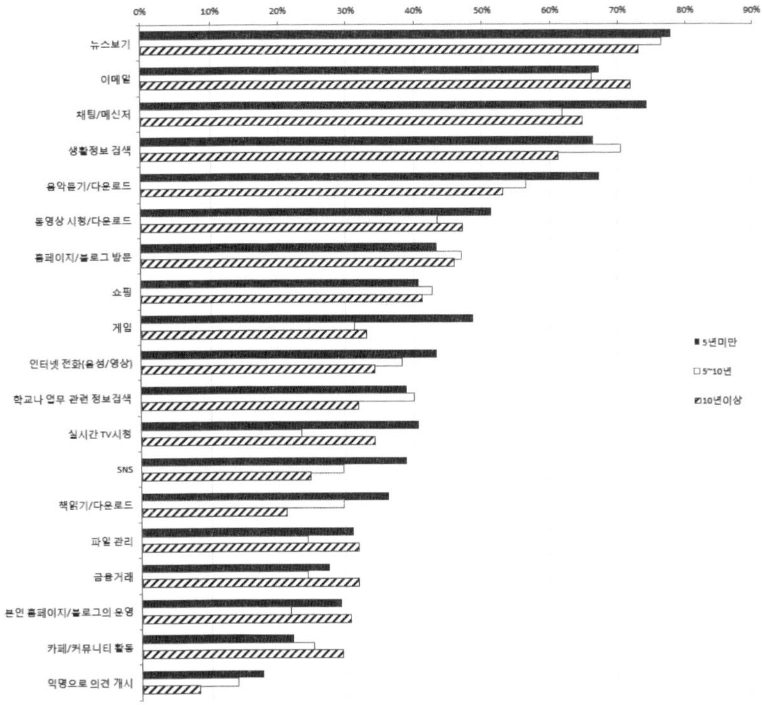

*주. 그래프 상의 비율은 각 거주기간별 인터넷 이용자 중 해당 인터넷 서비스 이용자 비율을 의미

〈그림 4-14〉 거주기간별 인터넷 서비스 이용 유형

검색(73.0%)'의 순으로 비율이 높았다. 대재 이상의 고학력자군에서는 '뉴스(86.5%)', '이메일(85.7%)', '채팅/메신저(71.4%)', '생활정보 검색(73.0%)'의 순서로 이용 순위를 보였는데 다른 연령대와 비교했을 때 인터넷 서비스 유형 전반에서 이용 비율이 높았다.

소득 수준은 인터넷 서비스 이용 패턴에 유의미한 차이를 만들지 않는 것으로 나타났다. 즉 소득정도에 관계없이 '뉴스', '이메일', '채팅/메신저', '생활정보 검색', '음악듣기/다운로드'의 순으로 이용비율

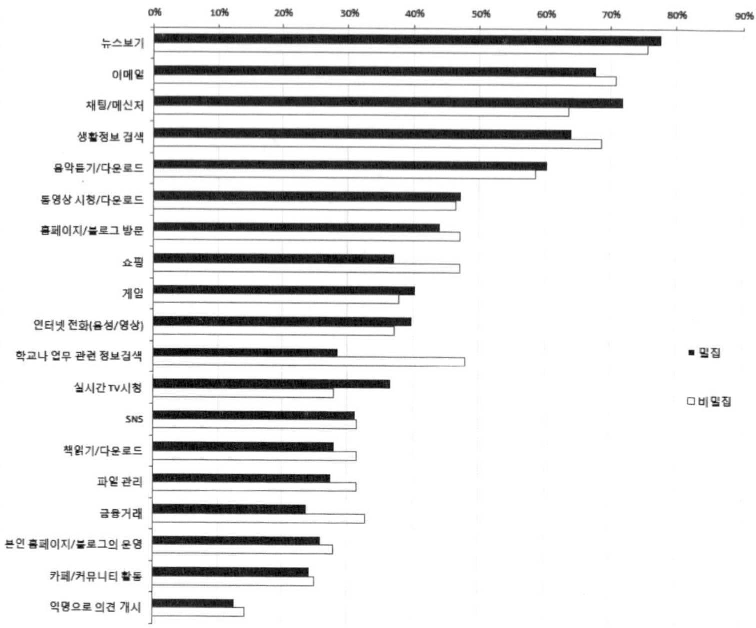

*주. 그래프 상의 비율은 각 거주지역별 인터넷 이용자 중 해당 인터넷 서비스 이용자 비율을 의미함. 밀집지역은 구로구 · 금천구 · 영등포구 거주자를, 비밀집지역은 그 외 지역 거주자를 의미함.

〈그림 4-15〉 거주지역별 인터넷 서비스 이용 유형

이 높게 나타났다.

거주기간별로 인터넷 이용 서비스 유형에 차이가 있는지를 살펴보면, 거주기간 5년 미만 응답자 집단의 경우 '뉴스(77.9%)', '채팅/메신저(74.3%)', '이메일(67.3%)', '생활정보 검색(66.4%)', '음악듣기/다운로드(67.3%)'의 이용 비율이 높았다. 거주기간 5~10년 응답자 집단의 경우 '뉴스(76.5%)', '이메일(66.1%)', '채팅/메신저(61.7%)', '생활정보 검색(70.4%)'의 비율이 높았으며 거주기간 10년 이상의 경우 '뉴스(72.9%)', '이메일(71.8%)', '채팅/메신저(64.7%)', '생활정보 검색(61.2%)'

등 인터넷 서비스 전반에 대한 이용 비율이 높았다.

거주 지역은 인터넷 서비스 이용 패턴에 유의미한 차이를 만들지 않는 것으로 나타났다. 많이 이용하는 인터넷 서비스들의 순위는 거주지역에 상관없이 비슷한 패턴을 보였다.

2.1.3. 인터넷 의존도

2.1.3.1. 인터넷 의존도 현황

국내 거주 중국동포의 인터넷 의존도를 측정하기 위해 8개 목적 차원별(개인적 이해추구, 개인적 재미추구, 개인적 방향설정, 사회적 이해추구, 상호작용적 방향설정, 사회적 재미추구, 자기표현추구, 한국 사회적응추구)(김용찬 · 신인영, 2013)로 인터넷이 얼마나 유용한지를 평가하도록 하였다. 응답자들로 하여금 총 25개 문항 각각을 5점 척도(① 전혀 유용하지 않음 ② 유용하지 않은 편임 ③ 보통 ④ 유용한 편임 ⑤ 매우 유용함)를 통해 평가하도록 하였다. 〈그림 4-16〉은 인터넷의 유용성을 보여주는 다양한 질문들에 대한 중국동포 응답자들의 긍정적 답변('유용한 편임'과 '매우 유용함') 비율을 보여준다.

응답자들 중 가장 많은 사람들이 '세상 돌아가는 소식을 알고자 할 때' 인터넷이 유용하다고 평가하였다. 또한 '요즘 한국이나 중국의 주요 뉴스를 알고 싶을 때'나 '외국에서 벌어지고 있는 일이나 사건에 대한 정보를 얻고자 할 때' 인터넷이 유용한 편이라고 응답하였다. 이는 인터넷이 중국동포이주민들에게 국내외 뉴스나 사회적 이슈를 이해하는 채널로 인식되고 있음을 의미한다. 이외에 '직장이나 아르바이트 자리를 구하고자 할 때', '이사할 동네나 주거지역을 찾아보고자 할 때', '상품 구매를 위한 정보를 얻고자 할 때', '건강, 법률, 노

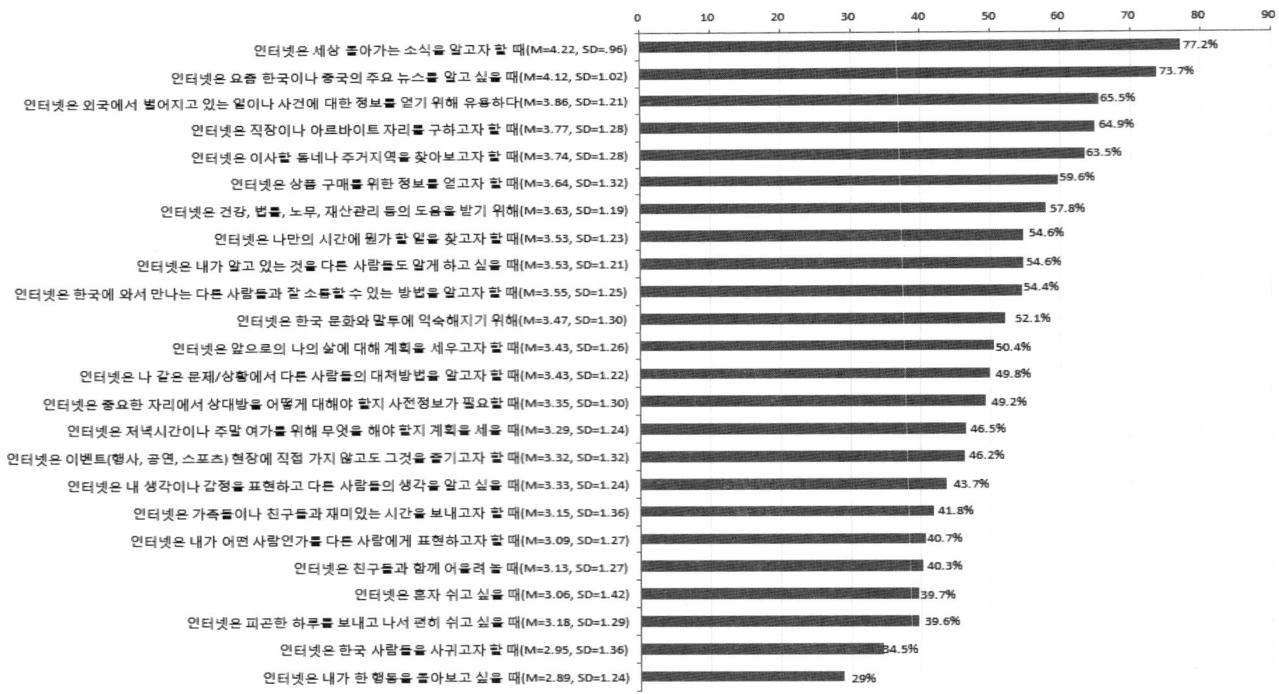

*주. 각 항목별 인터넷 유용성 평가는 5점 척도(① 전혀 유용하지 않음 ② 유용하지 않은 편임 ③ 보통 ④ 유용한 편임 ⑤ 매우 유용한 편임)로 측정된 응답 중 '유용한 편'이라는 응답과 '매우 유용한 편'이라는 응답자 비율을 의미함.

〈그림 4-16〉 중국동포이주민의 인터넷 의존도 평가

〈표 4-9〉 중국동포의 주요 특성별 인터넷 서비스 이용 유형

	뉴스 보기	이메일	채팅/ 메신저	생활 정보 검색	음악 듣기/ 다운 로드	동영상 시청/ 다운 로드	홈페 이지/ 블로그 방문	쇼핑	게임	인터넷 전화 (음성/ 영상)	학교나 업무 관련 정보 검색	실시간 TV 시청	SNS	책읽기 /다운 로드	파일 관리	금융 거래	본인홈 페이지/ 블로그 운영	카페/ 커뮤니 티활동	익명 으로 의견 개시
성별																			
남	111	89	96	92	84	65	53	41	61	54	40	48	45	41	33	32	28	23	20
	80.4%	64.5%	69.6%	66.7%	60.9%	47.1%	38.4%	29.7%	44.2%	39.1%	29.0%	34.8%	32.6%	29.7%	23.9%	23.2%	20.3%	16.7%	14.5%
여	142	138	129	125	112	89	96	95	68	73	81	60	58	56	63	59	60	58	24
	74.3%	72.3%	67.5%	65.4%	58.6%	46.6%	50.3%	49.7%	35.6%	38.2%	42.4%	31.4%	30.4%	29.3%	33.0%	30.9%	31.4%	30.4%	12.6%
연령																			
20대 이하	66	59	68	62	60	51	48	30	52	35	40	28	39	34	37	21	29	20	18
	80.5%	72.0%	82.9%	75.6%	73.2%	62.2%	58.5%	36.6%	63.4%	42.7%	48.8%	34.1%	47.6%	41.5%	45.1%	25.6%	35.4%	24.4%	22.0%
30대	86	81	80	78	75	57	51	59	45	47	47	40	33	33	31	36	29	30	15
	78.9%	74.3%	73.4%	71.6%	68.8%	52.3%	46.8%	54.1%	41.3%	43.1%	43.1%	36.7%	30.3%	30.3%	28.4%	33.0%	26.6%	27.5%	13.8%
40대	61	45	44	48	38	32	27	28	23	28	26	22	22	16	16	22	13	16	4
	75.3%	55.6%	54.3%	59.3%	46.9%	39.5%	33.3%	34.6%	28.4%	34.6%	32.1%	27.2%	27.2%	19.8%	19.8%	27.2%	16.0%	19.8%	4.9%
50대	32	35	26	24	19	10	22	16	9	15	8	15	9	12	12	10	15	14	6
	69.6%	76.1%	56.5%	52.2%	41.3%	21.7%	47.8%	34.8%	19.6%	32.6%	17.4%	32.6%	19.6%	26.1%	26.1%	21.7%	32.6%	30.4%	13.0%
60대 이상	8	7	7	5	4	4	1	3	0	2	0	3	0	2	0	2	2	1	1
	72.7%	63.6%	63.6%	45.5%	36.4%	36.4%	9.1%	27.3%	0.0%	18.2%	0.0%	27.3%	0.0%	18.2%	0.0%	18.2%	18.2%	9.1%	9.1%
학력																			
고졸 미만	20	15	24	19	15	11	9	10	14	11	10	12	5	4	6	3	5	1	0
	55.6%	41.7%	66.7%	52.8%	41.7%	30.6%	25.0%	27.8%	38.9%	30.6%	27.8%	33.3%	13.9%	11.1%	16.7%	8.3%	13.9%	2.8%	0.0%
고졸	123	103	110	106	97	64	67	61	67	57	51	52	45	40	30	33	34	28	21
	73.7%	61.7%	65.9%	63.5%	58.1%	38.3%	40.1%	36.5%	40.1%	34.1%	30.5%	31.1%	26.9%	24.0%	18.0%	19.8%	20.4%	16.8%	12.6%
대재 이상	109	108	90	92	83	78	73	65	48	58	60	43	52	53	59	55	49	52	23
	86.5%	85.7%	71.4%	73.0%	65.9%	61.9%	57.9%	51.6%	38.1%	46.0%	47.6%	34.1%	41.3%	42.1%	46.8%	43.7%	38.9%	41.3%	18.3%
소득																			
저	69	64	65	61	60	47	51	38	38	39	41	32	30	34	29	19	23	29	16
	80.2%	74.4%	75.6%	70.9%	69.8%	54.7%	59.3%	44.2%	44.2%	45.3%	47.7%	37.2%	34.9%	39.5%	33.7%	22.1%	26.7%	33.7%	18.6%
중	58	53	55	50	51	35	28	34	29	29	24	28	21	20	18	23	24	10	9
	70.7%	64.6%	67.1%	61.0%	62.2%	42.7%	34.1%	41.5%	35.4%	35.4%	29.3%	34.1%	25.6%	24.4%	22.0%	28.0%	29.3%	12.2%	11.0%
고	89	75	76	75	59	50	49	45	45	45	35	36	37	29	34	35	27	28	13
	77.4%	65.2%	66.1%	65.2%	51.3%	43.5%	42.6%	39.1%	39.1%	39.1%	30.4%	31.3%	32.2%	25.2%	29.6%	30.4%	23.5%	24.3%	11.3%
거주 기간																			
5년 미만	88	76	84	75	76	58	49	46	55	49	44	46	44	41	35	31	33	25	20
	77.9%	67.3%	74.3%	66.4%	67.3%	51.3%	43.4%	40.7%	48.7%	43.4%	38.9%	40.7%	38.9%	36.3%	31.0%	27.4%	29.2%	22.1%	17.7%
5~10년	88	76	71	81	65	50	54	49	36	44	46	27	34	34	28	28	25	29	16
	76.5%	66.1%	61.7%	70.4%	56.5%	43.5%	47.0%	42.6%	31.3%	38.3%	40.0%	23.5%	29.6%	29.6%	24.3%	24.3%	21.7%	25.2%	13.9%
10년 이상	62	61	55	52	45	40	39	35	28	29	27	29	21	18	27	27	26	25	7
	72.9%	71.8%	64.7%	61.2%	52.9%	47.1%	45.9%	41.2%	32.9%	34.1%	31.8%	34.1%	24.7%	21.2%	31.8%	31.8%	30.6%	29.4%	8.2%
거주 지역																			
밀집	147	128	136	121	114	89	83	70	76	75	54	69	59	53	52	45	49	46	24
	77.8%	67.7%	72.0%	64.0%	60.3%	47.1%	43.9%	37.0%	40.2%	39.7%	28.6%	36.5%	31.2%	28.0%	27.5%	23.8%	25.9%	24.3%	12.7%
비밀집	106	99	89	96	82	65	66	66	53	52	67	39	44	44	44	46	39	35	20
	75.7%	70.7%	63.6%	68.6%	58.6%	46.4%	47.1%	47.1%	37.9%	37.1%	47.9%	27.9%	31.4%	31.4%	31.4%	32.9%	27.9%	25.0%	14.3%

*주. 소득의 경우 저(~140만원), 중(141~170만원), 고(171만원~)의 세 집단으로 분류함
밀집지역은 구로구·금천구·영등포구 거주자를, 비밀집지역은 그 외 지역 거주자를 의미함

무, 재산관리 등의 도움을 받고자 할 때' 등과 같은 개인적으로 필요한 정보 수집에서 인터넷은 중요한 매체였다. 이 밖에도 '한국에 와서 만나는 다른 사람들과 잘 소통할 수 있는 방법을 알고자 할 때', '한국 문화와 말투에 익숙해지기 위해' 등 한국 문화에의 적응과 소통을 위해 인터넷을 의존하는 사례도 많았다. '앞으로의 나의 삶에 대해 계획을 세우고자 할 때'나 '나 같은 문제/상황에서 다른 사람들의 대처방법을 알고자 할 때' 인터넷을 이용하는 것이 유용하다고 응답한 사람들이 많았으며 '저녁시간이나 주말 여가를 위해 무엇을 해야 할지 계획을 세울 때', '이벤트(행사, 공연, 스포츠) 현장에 직접 가지 않고도 그것을 즐기고자 할 때', '가족들이나 친구들과 재미있는 시간을 보내고자 할 때'와 같이 오락·여가 측면에서 인터넷을 활용하는 사람들의 비중도 높은 편이었다.

2.1.3.2. 인구사회학적 특성별 인터넷 이용 현황

중국동포의 주요 특성별로 인터넷의 의존도를 살펴보기 위해 앞에서 제시된 항목들의 평균값을 구한 뒤 그것을 인터넷 의존도 점수로 규정하였다. 인터넷 의존도 점수는 일상에서 인터넷이 얼마나 중요한 매체로 자리잡고 있는지를 반영하는 점수라고 이해할 수 있다. 그런 후 각 인구사회학적 특성별로 인터넷 의존도 점수를 비교하였다. 그 결과, 여성과 남성 두 집단의 인터넷 의존도 평가는 통계적으로 유의미한 차이를 보이지 않았다.

연령별로 살펴보면 20~30대가 높은 인터넷 의존도를 보였으며 40대 이후부터 인터넷 의존도가 급격히 낮아졌다($F=8.012$, $df=290$, $p<001$). 사후검증(Scheffe test) 결과, 20대 이하의 인터넷 의존도 값이 40대 및 50대 이상의 그것에 비해 통계적으로 유의미하게 높았고,

*주. 소득의 경우 저(~140만원), 중(141~170만원), 고(171만원~)의 세 집단으로 분류함
밀집지역은 구로구 · 금천구 · 영등포구 거주자를, 비밀집지역은 그 외 지역 거주자를 의미함

〈그림 4-17〉 인구사회학적 특성별 인터넷의 유용성 평가(인터넷 의존도 점수)

30대의 인터넷 의존도도 40대 및 50대 이상 연령층에 비해 통계적으로 유의미하게 높았다($p<.05$).

학력 수준에 따른 인터넷 의존도를 살펴보면, 학력이 높을수록 인터넷 의존도가 높았다($F=13.090$, $df=290$, $p<.001$). 사후검증 결과, 대재 이상은 고졸 미만이나 고졸 학력의 응답자들에 비해 인터넷 의존도가 높았다($p<.001$). 소득수준에 따른 인터넷 의존도 차이는 나타나지 않았다. 거주 기간과 거주 지역에 따라서도 통계적으로 유의미한 차이는 나타나지 않았다.

2.2. 스마트폰

2.2.1. 스마트폰 이용 정도

2.2.1.1. 스마트폰 이용량

스마트폰 이용량을 7개 범주(① 전혀 이용 안 함 ② 10분 미만 ③ 10~30분 ④ 31분~1시간 ⑤ 1~2시간 ⑥ 2~3시간 ⑦ 3시간 이상)로 질문한 결과, 전체 응답자 495명 중 스마트폰을 이용하는 사람들은 66.9%이었다. 스마트폰 이용자 328명(66.9%)만을 살펴보면 하루 평균 3시간 이상 이용한다고 응답한 사람이 107명(전체 중 21.6%)으로 가장 많았고, 10~30분 57명(11.5%), 1~2시간 54명(10.9%), 2~3시간 49명(9.9%), 31분~1시간 46명(9.3%), 10분 미만 18명(3.6%) 순으로 나타났다.

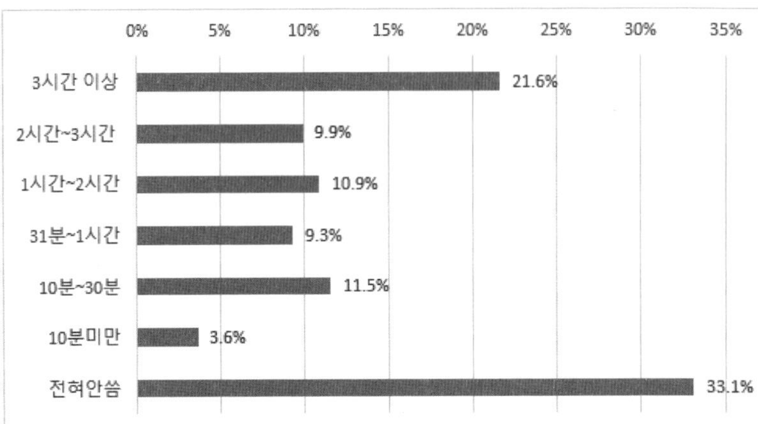

〈그림 4-18〉 국내 거주 중국동포의 스마트폰 이용 정도

〈표 4-10〉 중국동포이주민의 주요 인구사회학적특성별 스마트폰 이용 정도

	전혀 안 씀	10분 미만	10~30분	31분~1시간	1~2시간	2~3시간	3시간 이상	합계
성별								
남	71 33.8%	5 2.4%	25 11.9%	20 9.5%	23 11.0%	23 11.0%	43 20.5%	210 100.0%
여	93 32.6%	13 4.6%	32 11.2%	26 9.1%	31 10.9%	26 9.1%	64 22.5%	285 100.0%
연령								
20대 이하	6 6.6%	4 4.4%	9 9.9%	7 7.7%	10 11.0%	12 13.2%	43 47.3%	91 100.0%
30대	15 11.9%	2 1.6%	15 11.9%	16 12.7%	17 13.5%	19 15.1%	42 33.3%	126 100.0%
40대	34 29.1%	10 8.5%	17 14.5%	13 11.1%	16 13.7%	11 9.4%	16 13.7%	117 100.0%
50대	63 57.3%	2 1.8%	15 13.6%	8 7.3%	9 8.2%	7 6.4%	6 5.5%	110 100.0%
60대 이상	46 90.2%	0 0.0%	1 2.0%	2 3.9%	2 3.9%	0 0.0%	0 0.0%	51 100.0%
학력								
고졸미만	50 56.2%	4 4.5%	8 9.0%	4 4.5%	9 10.1%	2 2.2%	12 13.5%	89 100.0%
고졸	80 31.6%	11 4.3%	37 14.6%	25 9.9%	31 12.3%	23 9.1%	46 18.2%	253 100.0%
대재이상	34 22.4%	3 2.0%	12 7.9%	17 11.2%	14 9.2%	23 15.1%	49 32.2%	152 100.0%
소득								
저	53 39.6%	4 3.0%	12 9.0%	13 9.7%	11 8.2%	14 10.4%	27 20.1%	134 100.0%
중	45 32.1%	7 5.0%	20 14.3%	11 7.9%	10 7.1%	15 10.7%	32 22.9%	140 100.0%
고	36 24.7%	5 3.4%	19 13.0%	15 10.3%	27 18.5%	11 7.5%	33 22.6%	146 100.0%
거주기간								
5년 미만	41 24.6%	4 2.4%	21 12.6%	9 5.4%	21 12.6%	21 12.6%	50 29.9%	167 100.0%
5~10년	56 33.3%	7 4.2%	23 13.7%	22 13.1%	15 8.9%	14 8.3%	31 18.5%	168 100.0%
10년 이상	59 42.1%	7 5.0%	11 7.9%	12 8.6%	16 11.4%	13 9.3%	22 15.7%	140 100.0%
거주지역								
밀집	87 31.9%	8 2.9%	37 13.6%	21 7.7%	31 11.4%	26 9.5%	63 23.1%	273 100.0%
비밀집	77 34.7%	10 4.5%	20 9.0%	25 11.3%	23 10.4%	23 10.4%	44 19.8%	222 100.0%

*주. 소득의 경우 저(~140만원), 중(141~170만원), 고(171만원~)의 세 집단으로 분류함.
밀집지역은 구로구 · 금천구 · 영등포구 거주자를, 비밀집지역은 그 외 지역 거주자를 의미함.

2.2.1.2. 인구사회학적 특성별 이용 현황

성별에 따라 스마트폰 이용량은 큰 차이를 보이지 않으나 연령대에 따라서 스마트폰 이용량은 유의미하게 달랐는데(χ^2=207.581, df=24, p<.001), 연령대가 낮아질수록 스마트폰을 많이 이용하는 것으로 나타났다. 중국동포 개인의 학력 및 거주기간도 스마트폰 이용량에 차이를 가져오는 요인이었다. 학력이 높고(χ^2=51.301, df=12, p<.001), 거주기간이 짧을수록(χ^2=27.707, df=12, p<.01) 스마트폰을 이용하는 시간이 늘어났다.

2.2.2. 스마트폰 이용서비스 유형

2.2.2.1. 서비스 유형별 스마트폰 이용

국내 거주 중국동포들 중 스마트폰 이용자들에게 스마트폰을 통해 이용할 수 있는 서비스의 유형을 총 22개로 분류하고 해당 서비스를 이용하는지 질문하였다. 그 결과 전화(스마트폰 이용자의 95.0%), 문자 메시지(89.1%), 날씨 정보(75.3%), 인터넷 접속(72.6%)이 중국동포들에게 가장 중요한 스마트폰 기능인 것으로 밝혀졌다(〈그림 4-19〉). 그 뒤를 이어서 음악(65.2%), 게임(64.2%), 뉴스보기(63.3%), 메신저(53.4%), 이메일(52.5%), 검색(52.2%), 일정관리(37.5%), 방송 시청(37.2%), SNS(35.6%), 내비게이션(32.5%), 건강(32.0%), 쇼핑(31.4%), 오락정보(24.9%), 교육서비스(22.6%), 전자책(22.3%), 금융(20.5%), 스포츠(18.5%) 순으로 해당 유형의 서비스를 스마트폰을 통해 이용하는 것으로 나타났다.

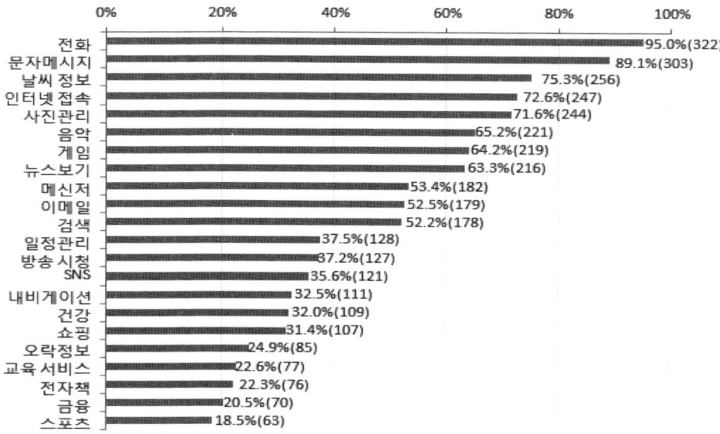

〈그림 4-19〉 국내 거주 중국동포들의 스마트폰 이용서비스의 유형 (n=341)

2.2.2.2. 인구사회학적 특성별 스마트폰 이용 현황

중국동포의 주요 특성별로 스마트폰 이용서비스 유형을 확인해본 결과, 남성의 경우 스마트폰을 이용해 '전화', '문자메시지', '인터넷접속', '날씨정보' 서비스의 이용이, 여성은 '전화', '문자메시지', '사진관리', '날씨정보', '인터넷접속' 서비스의 이용이 많았다. 남성은 여성에 비해 대부분의 서비스 이용이 적은 편이었으나 '뉴스보기', '내비게이션', '오락정보', '금융', '스포츠' 서비스는 남성의 이용이 여성보다 많았다(〈그림 4-20〉).

연령대에 따른 인터넷 서비스 이용 유형을 살펴본 결과(〈그림 4-21〉), 20대의 경우 스마트폰을 통해 '게임'과 '전자책', '내비게이션', '일정관리', '오락정보', '이메일' 서비스 이용을 상대적으로 많이 하는 반면, 30대는 '메신저'와 '방송시청', '건강', '검색', '쇼핑'을 위한 스마

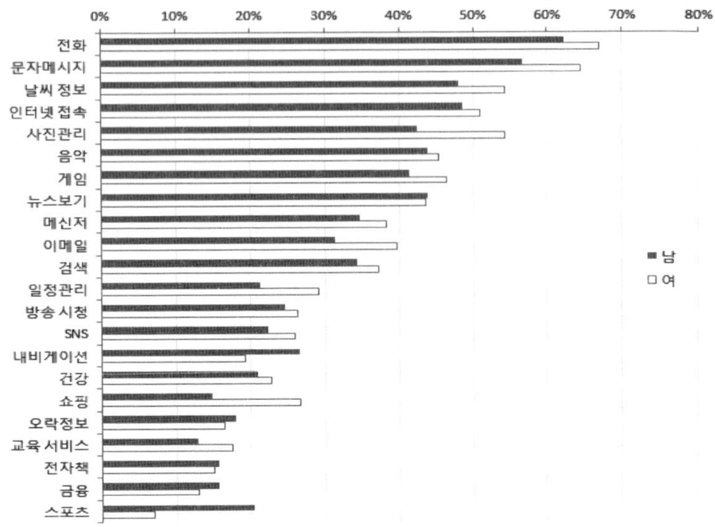

*주. 그래프 상의 비율은 각 성별 인터넷 이용자 중 해당 인터넷 서비스 이용자 비율을 의미함.

〈그림 4-20〉 성별 스마트폰 서비스 이용 유형

트폰 활용도가 상대적으로 높은 것으로 나타났다. 그리고 40대는 스마트폰을 이용해 '전화', '문자메시지', '금융서비스' 활용 정도가 다른 연령대에 비해 상대적으로 높은 것으로 나타났다.

학력의 경우 대졸 이상의 고학력자에 속하는 응답자들은 '전자책', '교육 서비스', '뉴스보기', '일정관리'와 '금융' 서비스를 위해 스마트폰을 상대적으로 더 많이 활용하는 반면 고졸 응답자들은 '전화', '게임', '방송 시청', '내비게이션', '스포츠' 등을 위해 스마트폰을 상대적으로 더 이용하는 것으로 나타났다. 마지막으로 고졸 미만의 응답자들은 스마트폰을 사용해 '게임'과 '사진관리' 등을 다른 학력집단에 비해 상대적으로 더 많이 활용하는 것으로 나타났다(〈그림 4-22〉).

소득수준에 따른 스마트폰 서비스 이용 현황을 살펴본 결과, 고소

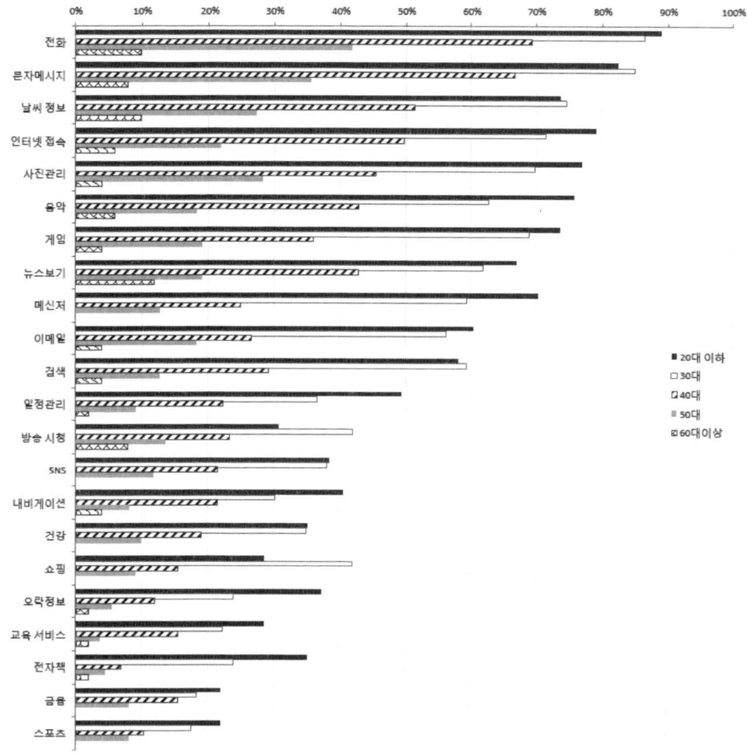

*주. 그래프 상의 비율은 각 연령별 인터넷 이용자 중 해당 인터넷 서비스 이용자 비율을 의미함.

〈그림 4-21〉 연령대별 스마트폰 서비스 이용 유형

득에 속하는 사람들은 스마트폰을 통해 'SNS', '게임', '방송 시청', '내비게이션', '일정관리', '금융', '스포츠' 등을 상대적으로 더 많이 활용하고, 중간 수준의 소득에 속하는 사람들은 '전화', '음악', '사진관리', '건강', '쇼핑' 서비스를 상대적으로 더 많이 활용한다. 저소득층의 응답자들은 '전자책'과 '교육서비스', '오락정보', '검색', '이메일'을 상대적으로 더 많이 이용하는 것으로 나타났다(〈그림 4-23〉).

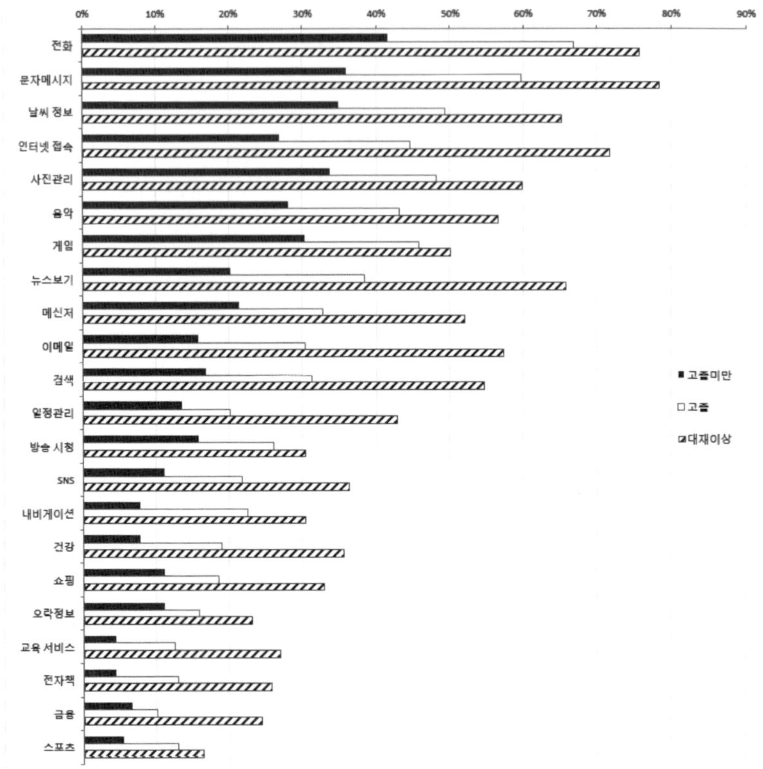

〈그림 4-22〉 학력별 스마트폰 서비스 이용 유형

거주기간의 경우, 10년 이상 한국에서 오랜 기간 거주한 응답자들은 스마트폰을 통해 'SNS'와 '금융' 서비스를 상대적으로 더 많이 이용하는 반면, 거주기간이 이에 비해 짧은 응답자들은 '메신저', '교육서비스', '오락정보', '스포츠'에 관한 정보를 얻기 위해 스마트폰을 상대적으로 더 많이 활용하는 것으로 나타났다(〈그림 4-24〉).

마지막으로 거주지역별로 살펴본 결과, 중국동포 밀집지역에 거주하는 응답자들이 비밀집지역 거주자들에 비해 전반적으로 스마트폰

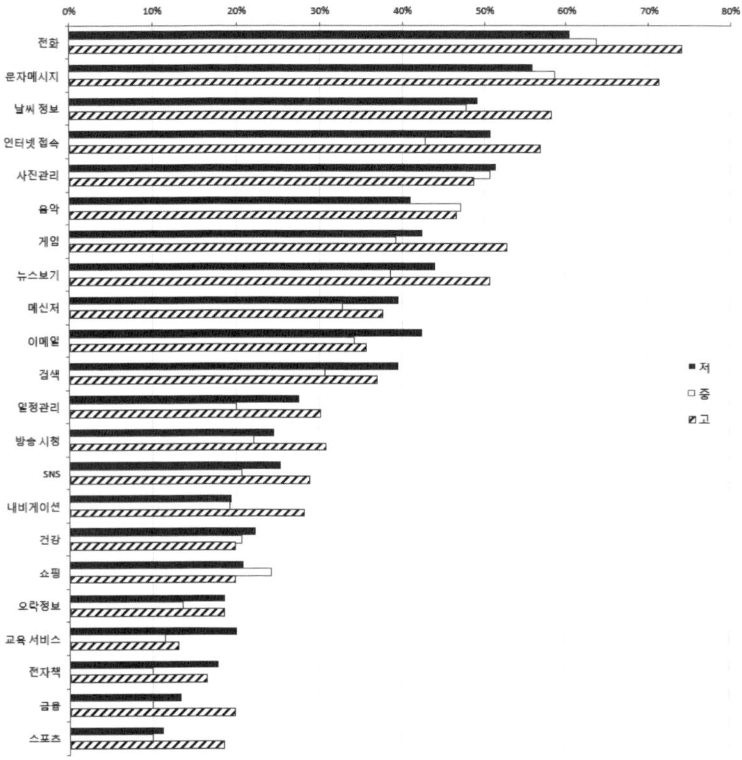

*주. 소득의 경우 저(~140만 원), 중(141~170만 원), 고(171만 원~)의 세 집단으로 분류함.

〈그림 4-23〉 소득수준별 스마트폰 서비스 이용 유형

을 이용해 다양한 서비스를 이용하는 것으로 나타났다(〈그림 4-25〉). 특히 밀집지역 거주자들은 'SNS'와 '메신저', '내비게이션', '스포츠' 서비스 이용이 상대적으로 더 많았다. 반면, 비밀집지역에 거주 중인 응답자들은 '사진관리', '뉴스보기', '검색', '건강서비스', '교육서비스' 등 정보 관련 이용이 상대적으로 더 많은 특징을 보였다.

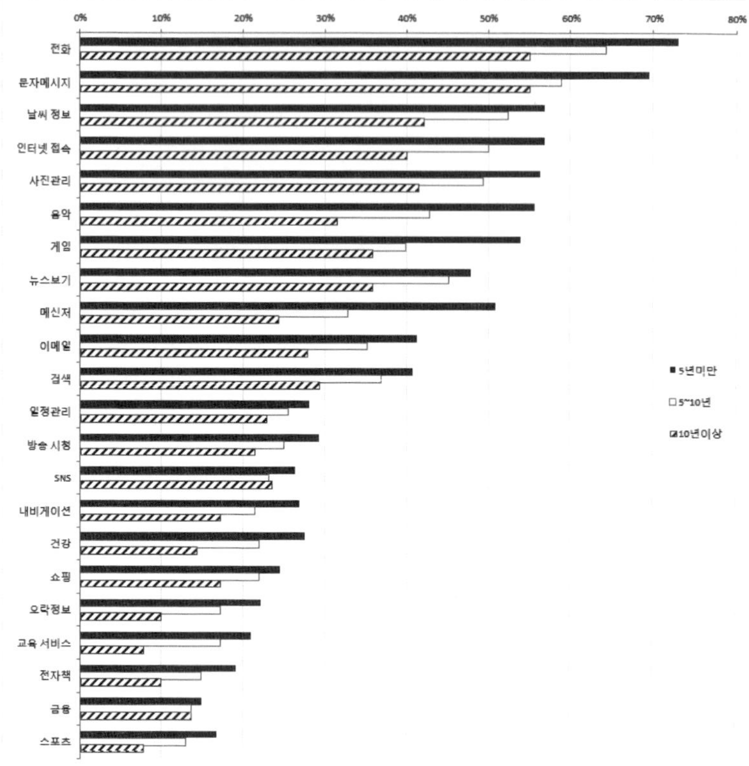

〈그림 4-24〉 거주기간별 스마트폰 서비스 이용 유형

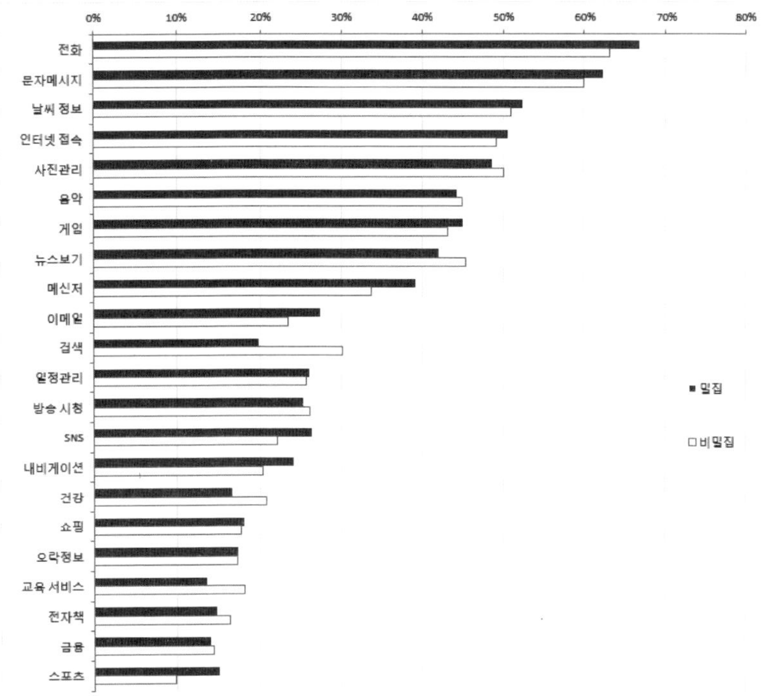

*주. 밀집지역은 구로구 · 금천구 · 영등포구 거주자를, 비밀집지역은 이외 지역 거주자를 의미함.

〈그림 4-25〉 거주지역별 스마트폰 서비스 이용 유형

〈표 4-11〉 중국동포이주민의 주요 특성별 스마트폰 서비스 이용 유형

	전화	문자 메시지	날씨 정보	인터넷 접속	사진 관리	음악	게임	뉴스 보기	메신저	이메일	검색	일정 관리	방송 시청	SNS	내비 게이션	건강	쇼핑	오락 정보	교육 서비스	전자책	금융	스포츠
성별																						
남	131	119	101	102	89	92	87	92	73	66	72	45	52	47	56	44	31	38	27	33	33	43
	62.4%	56.7%	48.1%	48.6%	42.4%	43.8%	41.4%	43.8%	34.8%	31.4%	34.3%	21.4%	24.8%	22.4%	26.7%	21.0%	14.8%	18.1%	12.9%	15.7%	15.7%	20.5%
여	191	184	155	145	155	129	132	124	109	113	106	83	75	74	55	65	76	47	50	43	37	20
	67.0%	64.6%	54.4%	50.9%	54.4%	45.3%	46.3%	43.5%	38.2%	39.6%	37.2%	29.1%	26.3%	26.0%	19.3%	22.8%	26.7%	16.5%	17.5%	15.1%	13.0%	7.0%
연령																						
20대 이하	81	75	67	72	70	69	67	61	64	55	53	45	28	35	37	32	26	34	26	32	20	20
	89.0%	82.4%	73.6%	79.1%	76.9%	75.8%	73.6%	67.0%	70.3%	60.4%	58.2%	49.5%	30.8%	38.5%	40.7%	35.2%	28.6%	37.4%	28.6%	35.2%	22.0%	22.0%
30대	109	107	94	90	88	79	87	78	75	71	75	46	53	48	38	44	53	30	28	30	23	22
	86.5%	84.9%	74.6%	71.4%	69.8%	62.7%	69.0%	61.9%	59.5%	56.3%	59.5%	36.5%	42.1%	38.1%	30.2%	34.9%	42.1%	23.8%	22.2%	23.8%	18.3%	17.5%
40대	81	78	60	58	53	50	42	50	29	31	34	26	27	25	25	22	18	14	18	8	18	12
	69.2%	66.7%	51.3%	49.6%	45.3%	42.7%	35.9%	42.7%	24.8%	26.5%	29.1%	22.2%	23.1%	21.4%	21.4%	18.8%	15.4%	12.0%	15.4%	6.8%	15.4%	10.3%
50대	46	39	30	24	31	20	21	21	14	20	14	10	15	13	9	11	10	6	4	5	9	9
	41.8%	35.5%	27.3%	21.8%	28.2%	18.2%	19.1%	19.1%	12.7%	18.2%	12.7%	9.1%	13.6%	11.8%	8.2%	10.0%	9.1%	5.5%	3.6%	4.5%	8.2%	8.2%
60대 이상	5	4	5	3	2	3	2	6	0	2	2	1	4	0	2	0	0	1	1	1	0	0
	9.8%	7.8%	9.8%	5.9%	3.9%	5.9%	3.9%	11.8%	0.0%	3.9%	3.9%	2.0%	7.8%	0.0%	3.9%	0.0%	0.0%	2.0%	2.0%	2.0%	0.0%	0.0%
학력																						
고졸 미만	37	32	31	24	30	25	27	18	19	14	15	12	14	10	7	7	10	10	4	4	6	5
	41.6%	36.0%	34.8%	27.0%	33.7%	28.1%	30.3%	20.2%	21.3%	15.7%	16.9%	13.5%	15.7%	11.2%	7.9%	7.9%	11.2%	11.2%	4.5%	4.5%	6.7%	5.6%
고졸	169	151	125	113	122	109	116	97	83	77	79	51	66	55	57	48	47	40	32	33	26	33
	66.8%	59.7%	49.4%	44.7%	48.2%	43.1%	45.8%	38.3%	32.8%	30.4%	31.2%	20.2%	26.1%	21.7%	22.5%	19.0%	18.6%	15.8%	12.6%	13.0%	10.3%	13.0%
대재 이상	115	119	99	109	91	86	76	100	79	87	83	65	46	55	46	54	50	35	41	39	37	25
	75.7%	78.3%	65.1%	71.7%	59.9%	56.6%	50.0%	65.8%	52.0%	57.2%	54.6%	42.8%	30.3%	36.2%	30.3%	35.5%	32.9%	23.0%	27.0%	25.7%	24.3%	16.4%

	전화	문자 메시지	날씨 정보	인터넷 접속	사진 관리	음악	게임	뉴스 보기	메신저	이메일	검색	일정 관리	방송 시청	SNS	내비 게이션	건강	쇼핑	오락 정보	교육 서비스	전자책	금융	스포츠
소득																						
저	81 60.4%	75 56.0%	66 49.3%	68 50.7%	69 51.5%	55 41.0%	57 42.5%	59 44.0%	53 39.6%	57 42.5%	53 39.6%	37 27.6%	33 24.6%	34 25.4%	26 19.4%	30 22.4%	28 20.9%	25 18.7%	27 20.1%	24 17.9%	18 13.4%	15 11.2%
중	89 63.6%	82 58.6%	67 47.9%	60 42.9%	71 50.7%	66 47.1%	55 39.3%	54 38.6%	46 32.9%	48 34.3%	43 30.7%	28 20.0%	31 22.1%	29 20.7%	27 19.3%	29 20.7%	34 24.3%	19 13.6%	16 11.4%	14 10.0%	14 10.0%	14 10.0%
고	108 74.0%	104 71.2%	85 58.2%	83 56.8%	71 48.6%	68 46.6%	77 52.7%	74 50.7%	55 37.7%	52 35.6%	54 37.0%	44 30.1%	45 30.8%	42 28.8%	41 28.1%	29 19.9%	29 19.9%	27 18.5%	19 13.0%	24 16.4%	29 19.9%	27 18.5%
거주기간																						
5년 미만	122 73.1%	116 69.5%	95 56.9%	95 56.9%	94 56.3%	93 55.7%	90 53.9%	80 47.9%	85 50.9%	69 41.3%	68 40.7%	47 28.1%	49 29.3%	44 26.3%	45 26.9%	46 27.5%	41 24.6%	37 22.2%	35 21.0%	32 19.2%	25 15.0%	28 16.8%
5~10년	108 64.3%	99 58.9%	88 52.4%	84 50.0%	83 49.4%	72 42.9%	67 39.9%	76 45.2%	55 32.7%	59 35.1%	62 36.9%	43 25.6%	42 25.0%	39 23.2%	36 21.4%	37 22.0%	37 22.0%	29 17.3%	29 17.3%	25 14.9%	23 13.7%	22 13.1%
10년 이상	77 55.0%	77 55.0%	59 42.1%	56 40.0%	58 41.4%	44 31.4%	50 35.7%	50 35.7%	34 24.3%	39 27.9%	41 29.3%	32 22.9%	30 21.4%	33 23.6%	24 17.1%	20 14.3%	24 17.1%	14 10.0%	11 7.9%	14 10.0%	19 13.6%	11 7.9%
거주지역																						
밀집	182 66.7%	170 62.3%	138 52.4%	72 50.5%	107 48.7%	123 44.3%	121 45.1%	133 42.1%	40 39.2%	37 27.5%	69 19.8%	143 26.0%	66 25.3%	115 26.4%	71 24.2%	47 16.5%	38 17.9%	41 17.2%	61 13.6%	98 14.7%	57 13.9%	97 15.0%
비밀집	140 63.1%	133 59.9%	113 50.9%	109 49.1%	111 50.0%	100 45.0%	96 43.2%	101 45.5%	75 33.8%	52 23.4%	67 30.2%	57 25.7%	58 26.1%	49 22.1%	45 20.3%	46 20.7%	39 17.6%	38 17.1%	40 18.0%	36 16.2%	32 14.4%	22 9.9%

*주. 소득의 경우 저(~140만원), 중(141~170만원), 고(171만원~)의 세 집단으로 분류함.
밀집지역은 구로구・금천구・영등포구 거주자를, 비밀집지역은 이외 지역 거주자를 의미함.

2.2.3 스마트폰 의존도

2.2.3.1. 스마트폰 의존도 현황

국내 거주 중국동포의 스마트폰 의존도를 측정하기 위해 8개 목적별(개인적 이해추구, 개인적 재미추구, 개인적 방향설정, 사회적 이해추구, 상호작용적 방향설정, 사회적 재미추구, 자기표현추구, 한국 사회적응추구)(김용찬 · 신인영, 2013)로 스마트폰이 얼마나 유용한지를 평가하도록 하였다. 응답자들 중 가장 많은 이들이 '세상 돌아가는 소식을 알고자 할 때'와 '요즘 한국이나 중국의 주요 뉴스를 알고 싶을 때', '외국에서 벌어지고 있는 일이나 사건에 대한 정보를 얻고자 할 때' 스마트폰이 유용하다고 평가하였다(〈그림 4-26〉). 중국동포이주민들에게 스마트폰이 자신을 둘러싼 혹은 자신과 관계 있는 사회의 소식이나 뉴스를 접하는 데 유용한 매체라는 인식이 있음을 보여준다. 또한 '직장이나 아르바이트 자리를 구하고자 할 때'와 '이사할 동네나 주거지역을 찾아보고자 할 때' 스마트폰을 활용한다는 응답자들이 많았음에 비추어볼 때 이주민들은 스마트폰을 개인적인 정보 추구 차원에서도 활발히 활용하고 있음을 알 수 있다. '상품 구매를 위한 정보를 얻고자 할 때', '건강, 법률, 노무, 재산관리 등의 도움을 받고자 할 때' 등과 같은 개인적으로 필요한 정보 수집 시 스마트폰이 유용하다는 응답이 많았던 것도 같은 맥락에서 이해할 수 있다. 한국 사회에서의 적응 관련 질문의 경우, '한국에 와서 만나는 다른 사람들과 잘 소통할 수 있는 방법을 알고자 할 때'에 스마트폰이 상당히 유용하다고 평가한 반면, '한국 문화와 말투에 익숙해지기 위해서'나 '한국 사람들과 사귀고자 할 때' 스마트폰이 유용했다고 응답한 비율은 상대적으로 낮았다. '앞으로의 나의 삶에 대해 계획을 세우고자 할 때'나 '한국에서 새롭게

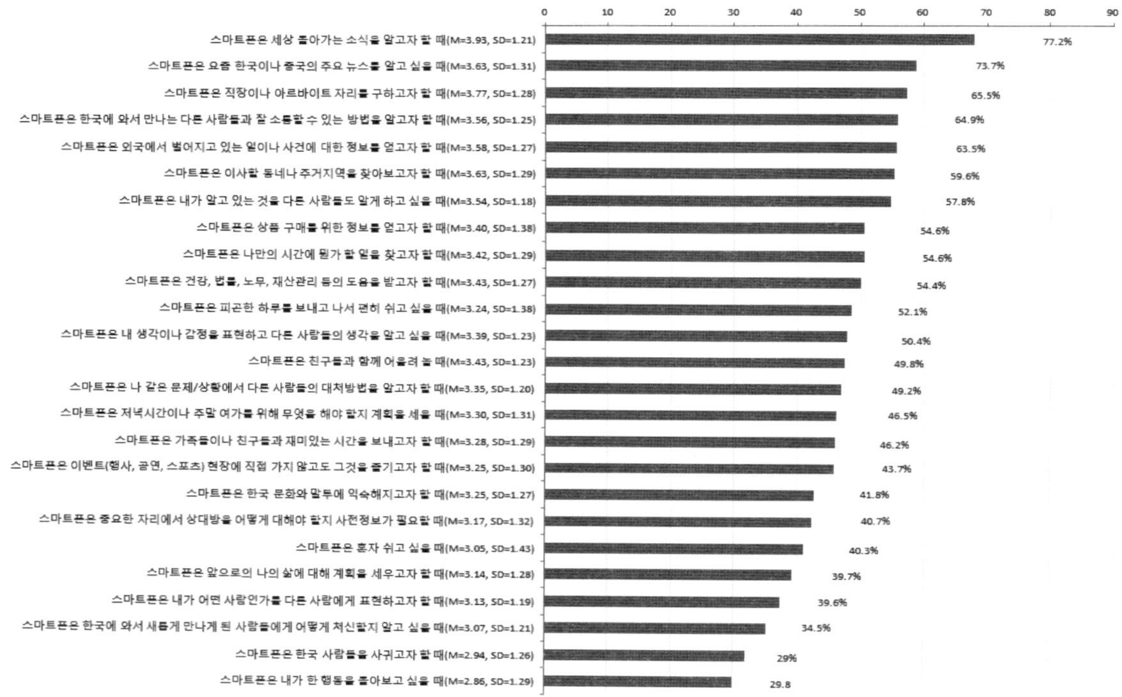

*주. 각 항목별 스마트폰 의존도 평가는 5점 척도(①전혀 유용하지 않음 ②유용하지 않은 편임 ③보통 ④유용한 편임 ⑤매우 유용한 편임)로 측정된 응답 중 '유용한 편'이라는 응답과 '매우 유용한 편'이라는 응답자 비율을 의미함.

〈그림 4-26〉 중국동포이주민의 스마트폰 의존도 평가

만나게 된 사람들에게 어떻게 처신해야 할지 알고 싶을 때', '혼자 쉬고 싶을 때', '내가 한 행동을 돌아보고 싶을 때' 등의 경우에도 스마트폰에 대한 의존도는 낮았다.

2.2.3.2. 인구사회학적 특성별 스마트폰 의존도

중국동포의 주요 특성별로 스마트폰에 대한 의존도를 살펴보기 위해 앞에서 제시된 항목들의 평균값을 구한 뒤 그것을 스마트폰 의존도 점수로 보았다. 각 인구사회학적 특성별로 스마트폰 의존도 점수를 비교한 결과, 여성과 남성 두 집단의 스마트폰 의존도 평가는 통계적으로 유의미한 차이를 보이지 않았다.

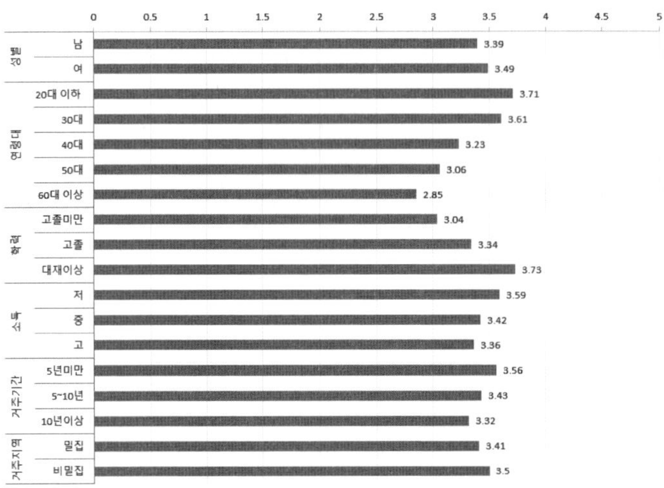

*주. 소득의 경우 저(~140만 원), 중(141~170만 원), 고(171만 원~)의 세 집단으로 분류함. 밀집지역은 구로구 · 금천구 · 영등포구 거주자를, 비밀집지역은 그 외 지역 거주자를 의미함.

〈그림 4-27〉 인구사회학적 특성별 스마트폰 의존도 평가

연령별로 살펴보면 연령이 낮을수록 스마트폰 의존도가 높았다($F=5.490$, $df=307$, $p<.001$). 사후검증(Scheffe test) 결과, 20대 이하의 스마트폰 의존도가 50대의 그것에 비해 통계적으로 유의미하게 높았고($p<.001$), 30대의 스마트폰 의존도도 50대에 비해 통계적으로 유의미하게 높았다($p<.05$).

학력 수준에 따른 스마트폰 의존도를 살펴보면, 학력이 높을수록 스마트폰 의존도도 높아졌다($F=4.423$, $df=307$, $p<.05$). 사후검증(Scheffe test) 결과, 대재 이상은 고졸 학력의 응답자들에 비해 스마트폰 의존도가 높았다($p<.05$). 그러나 소득수준이나 거주기간, 거주지역별 스마트폰 의존도를 살펴본 결과, 통계적으로 유의미한 차이를 발견할 수 없었다.

2.3. SNS

2.3.1. SNS 이용 정도

2.3.1.1. SNS 이용량

국내 거주 중국동포들이 SNS를 이용하는 시간을 알아보기 위해 하루 평균 SNS를 이용하는 시간을 7개 범주(① 전혀 이용 안 함 ② 10분 미만 ③ 10~30분 ④ 31분~1시간 ⑤ 1~2시간 ⑥ 2~3시간 ⑦ 3시간 이상)로 물어보았다. 그 결과 전체 응답자 484명 중 SNS를 전혀 이용하지 않는다고 답한 사람은 273명(56.4%)이었고 이용한다고 응답한 사람은 211명(43.6%)이었다. SNS를 이용하는 사람들 중에서는 하루 평균 10~30분가량 이용한다는 응답자가 58명(12.0%)으로 가장 많았고, 31분~1시간 40명(8.3%), 1~2시간 35명(3.9%), 10분 미만 32명(6.6%),

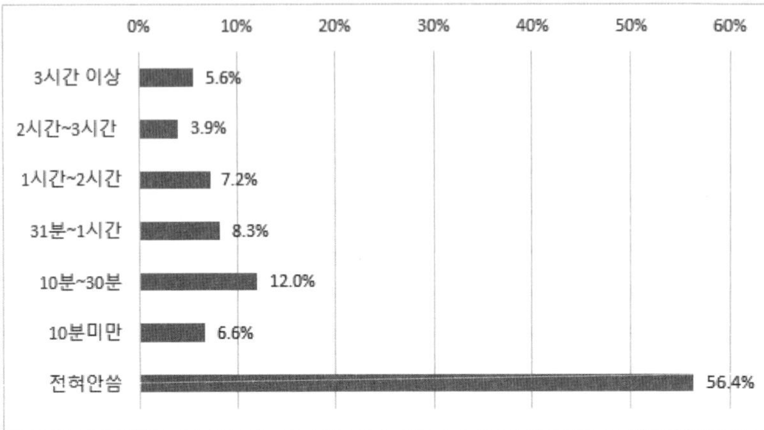

〈그림 4-28〉 국내 거주 중국동포의 SNS 이용 정도

3시간 이상 27명(5.6%), 2~3시간 19명(3.9%) 순으로 나타났다.

2.3.1.2. 인구사회학적 특성별 SNS 이용 현황

국내 거주 중국동포들의 SNS 이용량은 인구사회학적 특성에 따라 조금씩 차이를 보인다(〈표 4-12〉). 연령대에 따라서 SNS 이용량은 유의미하게 달랐는데($\chi^2=134.732$, df=24, $p<.001$), 연령대가 낮을수록 SNS를 많이 이용하는 것으로 나타났다. 중국동포 개인의 학력도 스마트폰 이용량에 차이를 가져오는 요인이었다. 학력이 높을수록($\chi^2=46.211$, df=12, $p<.001$), SNS를 이용하는 시간은 늘어났다.

2.3.2. SNS 서비스 선호 유형

국내 거주 중국동포들이 이용한 적 있는 SNS 서비스를 알아본 결과(〈표 4-13〉), 전체 응답자 209명(페이스북은 210명) 중 가장 많은 사

〈표 4-12〉 중국동포이주민의 주요 인구사회학적 특성별 SNS 이용 정도

	전혀 안 읽음	10분 미만	10~30분	31분~1시간	1~2시간	2~3시간	3시간 이상	합계
성별								
남	114 55.3%	14 6.8%	26 12.6%	13 6.3%	18 8.7%	9 4.4%	12 5.8%	206 100.0%
여	159 57.2%	18 6.5%	32 11.5%	27 9.7%	17 6.1%	10 3.6%	15 5.4%	278 100.0%
연령								
20대 이하	25 28.7%	8 9.2%	9 10.3%	15 17.2%	7 8.0%	7 8.0%	16 18.4%	87 100.0%
30대	50 40.3%	12 9.7%	21 16.9%	14 11.3%	13 10.5%	7 5.6%	7 5.6%	124 100.0%
40대	59 53.2%	9 8.1%	20 18.0%	9 8.1%	9 8.1%	3 2.7%	2 1.8%	111 100.0%
50대	88 80.7%	3 2.8%	8 7.3%	1 0.9%	5 4.6%	2 1.8%	2 1.8%	109 100.0%
60대 이상	51 96.2%	0 0.0%	0 0.0%	1 1.9%	1 1.9%	0 0.0%	0 0.0%	53 100.0%
학력								
고졸 미만	71 80.7%	5 5.7%	4 4.5%	6 6.8%	1 1.1%	0 0.0%	1 1.1%	88 100.0%
고졸	139 56.3%	18 7.3%	35 14.2%	19 7.7%	18 7.3%	8 3.2%	10 4.0%	247 100.0%
대재 이상	63 42.6%	9 6.1%	19 12.8%	15 10.1%	16 10.8%	10 6.8%	16 10.8%	148 100.0%
소득								
저	74 55.6%	10 7.5%	16 12.0%	14 10.5%	10 7.5%	4 3.0%	5 3.8%	133 100.0%
중	81 60.4%	8 6.0%	14 10.4%	11 8.2%	5 3.7%	8 6.0%	7 5.2%	134 100.0%
고	70 48.6%	11 7.6%	23 16.0%	13 9.0%	15 10.4%	3 2.1%	9 6.3%	144 100.0%
거주 기간								
5년 미만	81 51.3%	7 4.4%	18 11.4%	20 12.7%	13 8.2%	7 4.4%	12 7.6%	158 100.0%
5~10년	97 58.1%	10 6.0%	23 13.8%	12 7.2%	12 7.2%	7 4.2%	6 3.6%	167 100.0%
10년 이상	87 62.6%	11 7.9%	17 12.2%	5 3.6%	9 6.5%	5 3.6%	5 3.6%	139 100.0%
거주 지역								
밀집	143 53.4%	19 7.1%	30 11.2%	23 8.6%	22 8.2%	14 5.2%	17 6.3%	268 100.0%
비밀집	130 60.2%	13 6.0%	28 13.0%	17 7.9%	13 6.0%	5 2.3%	10 4.6%	216 100.0%

*주. 소득의 경우 저(~140만원), 중(141~170만원), 고(171만원~)의 세 집단으로 분류함.
밀집지역은 구로구·금천구·영등포구 거주자를, 비밀집지역은 그 외 지역 거주자를 의미함.

〈표 4-13〉 국내 거주 중국동포의 SNS 서비스 선호 유형 (n=209)

	이용자수	SNS 이용자% (전체 %)
QQ	106	50.7% (21.9%)
페이스북	91	43.3% (18.8%)
싸이월드	83	39.7% (17.1%)
微博(웨이보)	64	30.6% (13.2%)
人人網(런런왕)	61	29.2% (12.6)
网易(왕이)	47	22.5%(9.7%)
開心網(카이신왕)	45	21.5%(9.3%)
트위터	39	18.7%(8.0%)
미투데이	19	9.1%(3.9%)

람들이 중국의 SNS인 QQ(큐큐)를 이용한 적이 있다고 응답하였다. QQ를 사용해 본 응답자는 106명(50.7%)이고, 다음으로는 페이스북의 이용이 많은 것으로 나타났다. 총 91명(43.3%)이 페이스북을 이용해 본 적이 있으며, 국내 SNS인 싸이월드를 이용해 본 응답자는 83명(39.7%)이었다. 이어 중국계 SNS인 微博(웨이보) 64명(30.6%), 人人網(런런왕) 61명(29.2%), 网易(왕이) 47명(22.5%), 開心網(카이신왕) 45명(21.5%)의 이용자가 많았다. 트위터와 미투데이는 각각 39명(18.7%), 19명(9.1%)이 이용해 본 것으로 나타났다. 이를 다시 인구사회학적 특성에 따라 살펴본 결과는 〈표 4-14〉에 제시하였다.

2.3.3. 이용서비스 SNS 서비스 이용 유형

2.3.3.1. SNS 이용 유형

국내 거주 중국동포들이 SNS를 통해 이용할 수 있는 서비스를 총 14개의 유형으로 분류하고 해당 서비스를 이용한 적이 있는지 물어

〈표 4-14〉 중국동포이주민의 주요 특성별 SNS 서비스 이용(이용자만을 대상으로 함)

	페이스북 (n=91)	트위터 (n=39)	싸이월드 (n=83)	미투데이 (n=19)	微博 (n=64)	人人網 (n=61)	開心網 (n=45)	网易 (n=47)	QQ (n=106)
성별									
남	34 37.0%	14 15.2%	32 34.8%	7 7.6%	33 35.9%	29 31.5%	15 16.3%	21 22.8%	47 51.1%
여	57 47.9%	25 21.0%	51 42.9%	12 10.1%	31 26.1%	32 26.9%	30 25.2%	26 21.8%	59 49.6%
연령									
20대 이하	25 40.3%	9 14.5%	27 43.5%	5 8.1%	22 35.5%	28 45.2%	10 16.1%	12 19.4%	37 59.7%
30대	36 48.6%	19 25.7%	37 50.0%	7 9.5%	25 33.8%	15 20.3%	23 31.1%	22 29.7%	43 58.1%
40대	20 38.5%	6 11.5%	7 13.5%	4 7.7%	12 23.1%	12 23.1%	7 13.5%	11 21.2%	20 38.5%
50대	10 47.6%	5 23.8%	12 57.1%	3 14.3%	4 19.0%	6 28.6%	4 19.0%	2 9.5%	5 23.8%
60대 이상	0 0.0%	0 0.0%	0 0.0%	0 0.0%	1 50.0%	0 0.0%	1 50.0%	0 0.0%	1 50.0%
학력									
고졸 미만	4 23.5%	2 11.8%	11 64.7%	1 5.9%	6 35.3%	6 35.3%	5 29.4%	3 17.6%	9 52.9%
고졸	37 34.3%	18 16.7%	43 39.8%	7 6.5%	31 28.7%	30 27.8%	24 22.2%	24 22.2%	53 49.1%
대재 이상	49 57.6%	19 22.4%	29 34.1%	11 12.9%	27 31.8%	25 29.4%	16 18.8%	19 22.4%	44 51.8%
소득									
저	25 42.4%	9 15.3%	22 37.3%	5 8.5%	18 30.5%	18 30.5%	13 22.0%	12 20.3%	30 50.8%
중	19 35.8%	12 22.6%	24 45.3%	5 9.4%	15 28.3%	19 35.8%	12 22.6%	16 30.2%	24 45.3%
고	33 44.6%	13 17.6%	29 39.2%	6 8.1%	20 27.0%	16 21.6%	14 18.9%	14 18.9%	35 47.3%
거주기간									
5년 미만	33 42.9%	15 19.5%	32 41.6%	7 9.1%	32 41.6%	34 44.2%	17 22.1%	27 35.1%	47 61.0%
5~10년	30 42.9%	11 15.7%	29 41.4%	7 10.0%	20 28.6%	10 14.3%	12 17.1%	10 14.3%	32 45.7%
10년 이상	23 44.2%	10 19.2%	17 32.7%	4 7.7%	11 21.2%	12 23.1%	13 25.0%	8 15.4%	23 44.2%
거주지역									
밀집	57 45.6%	24 19.2%	48 38.4%	14 11.2%	41 32.8%	45 36.0%	33 26.4%	31 24.8%	61 48.8%
비밀집	34 39.5%	15 17.4%	35 40.7%	5 5.8%	23 26.7%	16 18.6%	12 14.0%	16 18.6%	45 52.3%

*주. 위의 비율은 각 집단별 SNS 이용자 중 해당 서비스 이용자 비율을 의미함.
소득의 경우 저(~140만원), 중(141~170만원), 고(171만원~)의 세 집단으로 분류함.
밀집지역은 구로구 · 금천구 · 영등포구 거주자를, 비밀집지역은 이외 지역 거주자를 의미함.

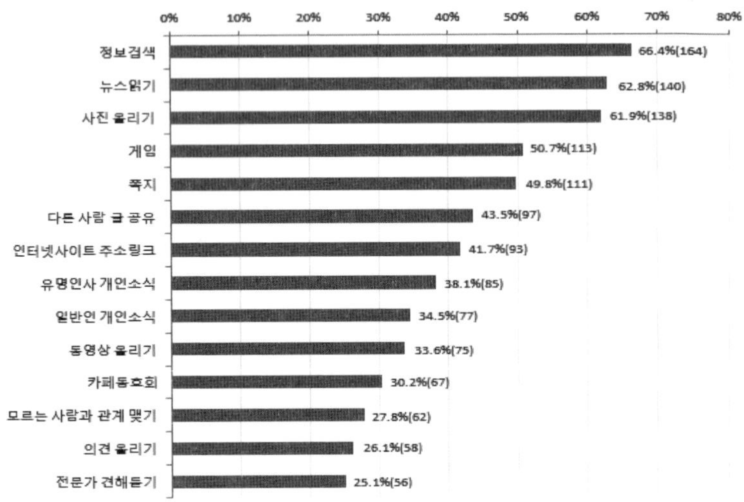

〈그림 4-29〉 국내 거주 중국동포의 SNS 서비스 이용 유형(n=223)

본 결과(〈그림 4-29〉), 전체 SNS 이용자 223명(카페동호회, 의견 올리기 유형의 경우 222명이 응답) 중 66.4%는 '정보검색'을 해 본 적이 있고, 다음으로 '뉴스읽기(62.8%)', '사진 올리기(61.9%)', '게임(50.7%)', '쪽지(49.8%)', '다른 사람 글 공유(43.5%)', '인터넷사이트 주소링크(41.7%)', '유명인사 개인소식(38.1%)', '일반인 개인소식(34.5%)', '동영상 올리기(33.6%)', '카페동호회(30.2%)', '모르는 사람과 관계 맺기(27.8%)', '의견 올리기(26.1%)', '전문가 견해듣기(25.1%)' 순으로 해당 유형의 서비스의 이용이 많았다.

2.3.3.2. 인구사회학적 특성별 SNS 이용 현황

중국동포의 주요 특성별로 SNS 이용서비스 유형을 살펴본 결과(〈표 4-15〉), 남성의 경우에는 여성에 비해 SNS를 통해 '뉴스읽기'를

〈표 4-15〉 중국동포이주민의 주요 특성별 SNS 이용서비스 유형

	정보 검색	뉴스 읽기	사진 올리기	게임	쪽지	다른 사람 글 공유	인터넷 사이트 주소링크	유명인사 개인소식	일반인 개인소식	동영상 올리기	카페 동호회	모르는 사람과 관계 맺기	의견 올리기	전문가 견해듣기
성별														
남	61	67	53	53	44	38	39	40	30	26	25	33	24	24
	66.3%	72.8%	57.6%	57.6%	47.8%	41.3%	42.4%	43.5%	32.6%	28.3%	27.2%	35.9%	26.1%	26.1%
여	87	73	85	60	67	59	54	45	47	49	42	29	34	32
	73.1%	61.3%	71.4%	50.4%	56.3%	49.6%	45.4%	37.8%	39.5%	41.2%	35.3%	24.4%	28.6%	26.9%
연령														
20대 이하	44	43	46	42	34	36	34	23	28	23	19	24	24	20
	71.0%	69.4%	74.2%	67.7%	54.8%	58.1%	54.8%	37.1%	45.2%	37.1%	30.6%	38.7%	38.7%	32.3%
30대	56	47	42	44	42	35	34	28	29	30	25	23	20	18
	75.7%	63.5%	56.8%	59.5%	56.8%	47.3%	45.9%	37.8%	39.2%	40.5%	33.8%	31.1%	27.0%	24.3%
40대	35	36	33	17	25	19	16	24	15	17	15	12	12	17
	67.3%	69.2%	63.5%	32.7%	48.1%	36.5%	30.8%	46.2%	28.8%	32.7%	28.8%	23.1%	23.1%	32.7%
50대	12	13	17	9	10	7	9	10	5	5	8	3	2	1
	57.1%	61.9%	81.0%	42.9%	47.6%	33.3%	42.9%	47.6%	23.8%	23.8%	38.1%	14.3%	9.5%	4.8%
60대 이상	1	1	0	1	0	0	0	0	0	0	0	0	0	0
	50.0%	50.0%	0.0%	50.0%	0.0%	0.0%	0.0%	0.0%	0.0%	0.0%	0.0%	0.0%	0.0%	0.0%
학력														
고졸 미만	10	10	8	11	6	4	7	8	5	5	2	3	3	2
	58.8%	58.8%	47.1%	64.7%	35.3%	23.5%	41.2%	47.1%	29.4%	29.4%	11.8%	17.6%	17.6%	11.8%
고졸	68	68	68	60	51	41	37	31	37	35	27	25	19	22
	63.0%	63.0%	63.0%	55.6%	47.2%	38.0%	34.3%	28.7%	34.3%	32.4%	25.0%	23.1%	17.6%	20.4%
대재 이상	69	61	61	42	53	51	48	45	34	34	38	33	35	31
	81.2%	71.8%	71.8%	49.4%	62.4%	60.0%	56.5%	52.9%	40.0%	40.0%	44.7%	38.8%	41.2%	36.5%
소득														
저	47	39	41	34	36	27	28	20	20	17	26	17	15	13
	79.7%	66.1%	69.5%	57.6%	61.0%	45.8%	47.5%	33.9%	33.9%	28.8%	44.1%	28.8%	25.4%	22.0%
중	36	39	36	29	26	19	21	19	19	21	9	13	10	10
	67.9%	73.6%	67.9%	54.7%	49.1%	35.8%	39.6%	35.8%	35.8%	39.6%	17.0%	24.5%	18.9%	18.9%
고	46	47	47	37	34	35	32	35	24	27	24	23	21	24
	62.2%	63.5%	63.5%	50.0%	45.9%	47.3%	43.2%	47.3%	32.4%	36.5%	32.4%	31.1%	28.4%	32.4%
거주기간														
5년 미만	60	59	53	51	42	45	42	40	31	31	20	26	26	23
	77.9%	76.6%	68.8%	66.2%	54.5%	58.4%	54.5%	51.9%	40.3%	40.3%	26.0%	33.8%	33.8%	29.9%
5~10년	51	45	37	32	38	25	27	19	25	24	25	17	15	13
	72.9%	64.3%	52.9%	45.7%	54.3%	35.7%	38.6%	27.1%	35.7%	34.3%	35.7%	24.3%	21.4%	18.6%
10년 이상	30	29	40	24	26	23	19	22	18	17	18	17	14	16
	57.7%	55.8%	76.9%	46.2%	50.0%	44.2%	36.5%	42.3%	34.6%	32.7%	34.6%	32.7%	26.9%	30.8%
거주지역														
밀집	85	84	89	70	66	57	61	54	49	44	42	37	33	31
	68.0%	67.2%	71.2%	56.0%	52.8%	45.6%	48.8%	43.2%	39.2%	35.2%	33.6%	29.6%	26.4%	24.8%
비밀집	63	56	49	43	45	40	32	31	28	31	25	25	25	25
	73.3%	65.1%	57.0%	50.0%	52.3%	46.5%	37.2%	36.0%	32.6%	36.0%	29.1%	29.1%	29.1%	29.1%

*주. 소득의 경우 저(~140만원), 중(141~170만원), 고(171만원~)의 세 집단으로 분류함
밀집지역은 구로구·금천구·영등포구 거주자를, 비밀집지역은 이외 지역 거주자를 의미함

많이 하는 것으로 나타났으며, 여성의 경우 '카페동호회'와 '다른 사람 글 공유'를 많이 하는 것으로 나타났다(〈그림 4-30〉).

연령별로 살펴본 결과(〈그림 4-31〉), 20대 이하의 경우 SNS에서 '의견 올리기'와 '모르는 사람과 관계 맺기'를 상대적으로 많이 하며, 30대들은 '동영상 올리기'나 SNS를 활용한 '게임'을 많이 하는 것으로 나타났다. 40대는 '전문가의 견해듣기'를 위해 SNS를 이용하는 사람이 상대적으로 많은 점이 주목할 만했다.

학력별로 살펴보면 대재 이상의 고학력자에 속하는 응답자들은 '카페동호회'나 '의견 올리기' 등을 위해 SNS를 이용한다는 답변이 상대적으로 많았으나 고졸 이하의 응답자들은 '게임'을 하기 위해 SNS를 이용한다는 응답이 상대적으로 많았다(〈그림 4-32〉).

다음으로 소득에 따른 차이를 살펴본 결과(〈그림 4-33〉), 고소득에 속하는 사람들은 SNS를 통해 '전문가 견해듣기', '유명인사 개인소식' 등을 상대적으로 많이 접하는 것으로 나타났고, 중간 수준의 소득에 속하는 사람들은 '뉴스읽기'와 '일반인 개인소식'을 상대적으로 많이 접하는 것으로 나타났다. 그리고 저소득층의 응답자들은 '카페동호회', '정보검색', '쪽지'를 상대적으로 많이 이용하는 것으로 나타났다.

거주기간의 경우, 10년 이상 한국에서 오랜 기간 거주한 응답자들은 SNS를 통해 '사진 올리기'나 '전문가의 견해듣기'를 상대적으로 많이 하는 반면, 거주기간이 이에 비해 짧은 응답자들은 '정보검색', '다른 사람 글 공유'를 위해 SNS를 상대적으로 많이 활용하는 것으로 나타났다(〈그림 4-34〉).

마지막으로 거주지역별로 살펴본 결과(〈그림 4-35〉), 중국동포 밀집지역에 거주하는 응답자는 SNS를 통해 '전문가의 견해듣기'를 상대적으로 많이 하는 반면, 비밀집지역 거주자는 '사진 올리기'와

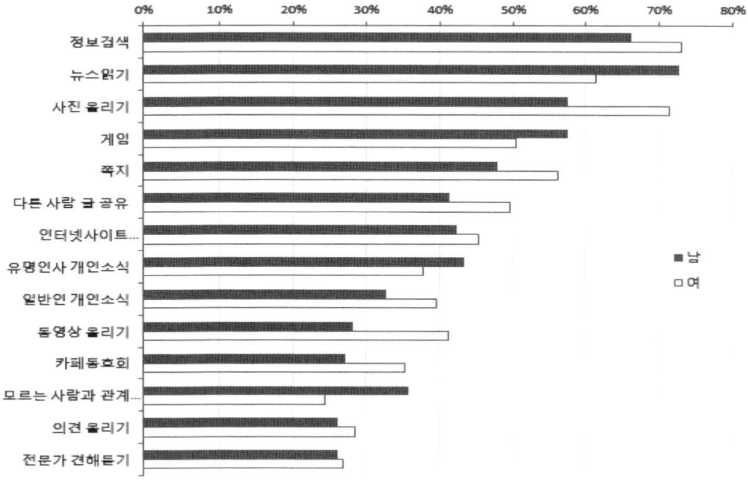

〈그림 4-30〉 성별 SNS 서비스 이용 유형

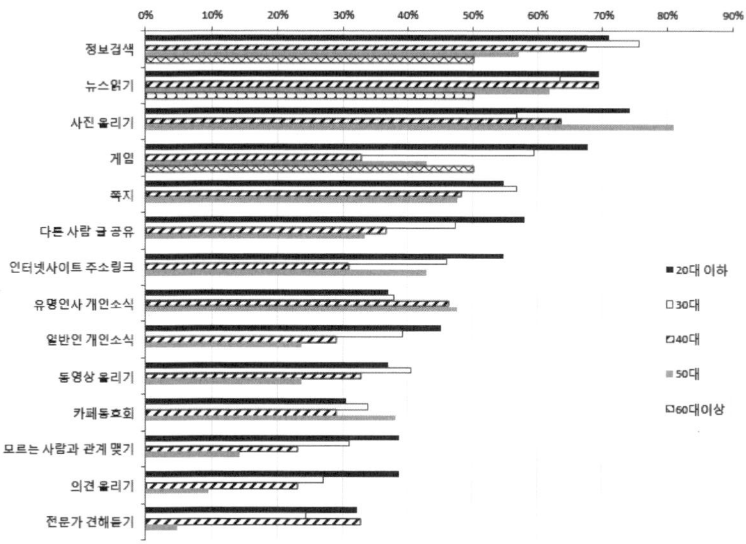

〈그림 4-31〉 연령별 SNS 서비스 이용 유형

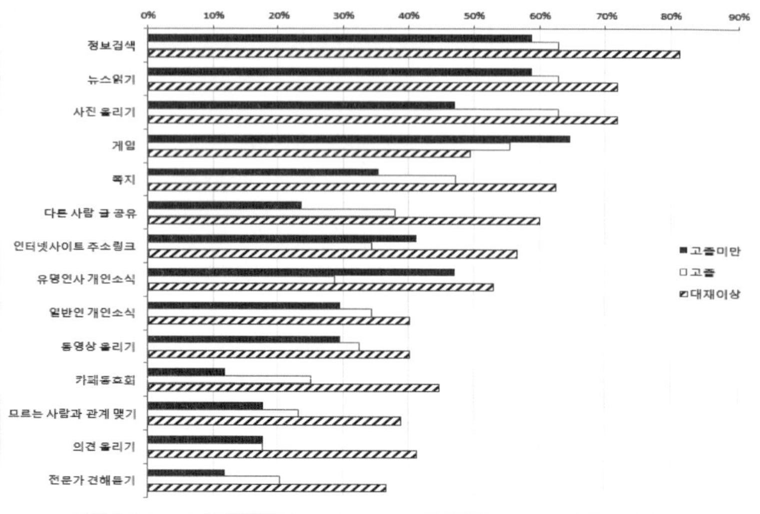

〈그림 4-32〉 학력별 SNS 서비스 이용 유형

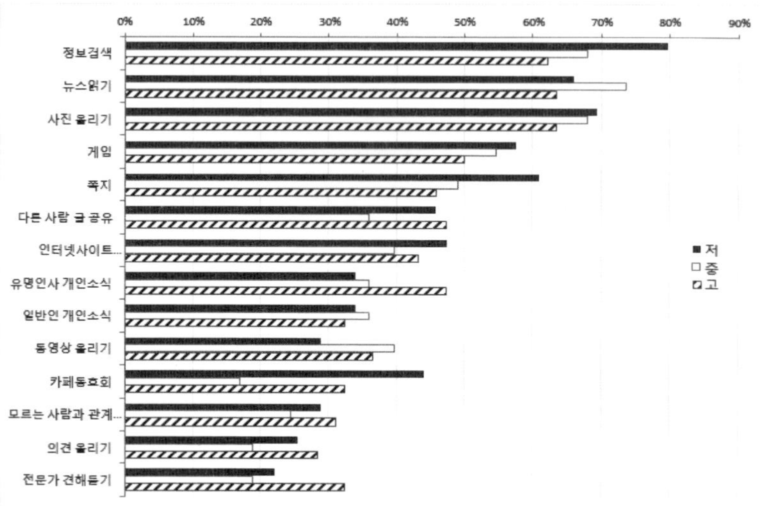

*주. 소득의 경우 저(~140만원), 중(141~170만원), 고(171만원~)의 세 집단으로 분류함.

〈그림 4-33〉 소득별 SNS 서비스 이용 유형

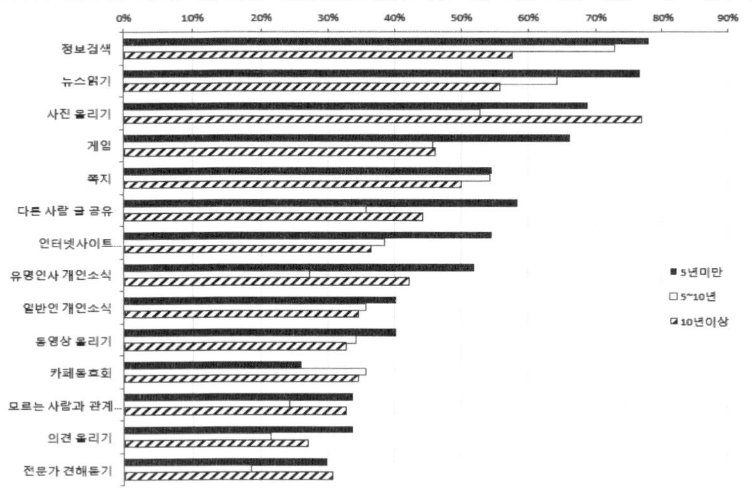

〈그림 4-34〉 거주기간별 SNS 서비스 이용 유형

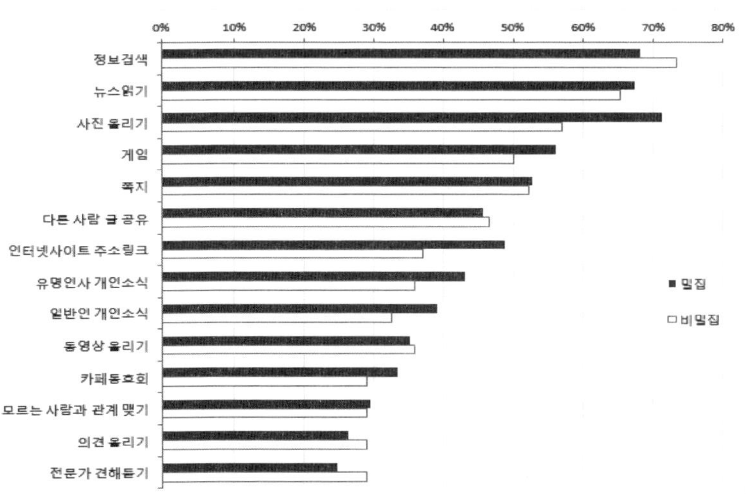

*주. 밀집지역은 구로구 · 금천구 · 영등포구 거주자를, 비밀집지역은 그 외 지역 거주자를 의미함.

〈그림 4-35〉 거주지역별 SNS 서비스 이용 유형

'인터넷사이트 주소링크' 등을 위해 SNS를 상대적으로 많이 이용하는 것으로 보인다.

2.3.4. SNS 의존도

2.3.4.1. SNS 의존도 현황

앞에서 제시했던 인터넷 의존도 및 스마트폰 의존도와 같은 방식으로 국내 거주 중국동포의 SNS 의존도를 측정하였다. 앞에서와 마찬가지로 SNS 의존도도 8개 차원(개인적 이해추구, 개인적 재미추구, 개인적 방향설정, 사회적 이해추구, 상호작용적 방향설정, 사회적 재미추구, 자기표현추구, 한국 사회적응추구)(김용찬 · 신인영, 2013)(Kim et al., 2019, Kim & Jung, 2017)을 기준으로 측정하였다(〈그림 4-36〉).

응답자들 중 가장 많은 이들이 '세상 돌아가는 소식을 알고자 할 때', '요즘 한국이나 중국의 주요 뉴스를 알고 싶을 때', '외국에서 벌어지고 있는 일이나 사건에 대한 정보를 얻고자 할 때' SNS를 활용한다고 평가하였다. 중국동포이주민들은 자신을 둘러싼 혹은 자신과 관계 있는 사회의 소식이나 뉴스를 접하고자 할 때 SNS에 대한 의존도가 높다는 사실을 보여주는 것이다. 또한 '직장이나 아르바이트 자리를 구하고자 할 때'와 '이사할 동네나 주거지역을 찾아보고자 할 때' SNS에 대한 의존도가 높았는데 이는 이주민들이 한국 정착을 위한 정보를 얻기 위해 SNS를 활발히 활용한다는 것을 보여준다. 한국 사회에서의 적응 관련 질문에서는 '한국에 와서 만나는 다른 사람들과 잘 소통할 수 있는 방법을 알고자 할 때' 혹은 '한국 문화와 말투에 익숙해지고자 할 때' SNS가 유용하다는 응답이 많았다. 반면 '한국 사람들을 사귀고자 할 때', '한국에 와서 새롭게 만나게 된 사람들

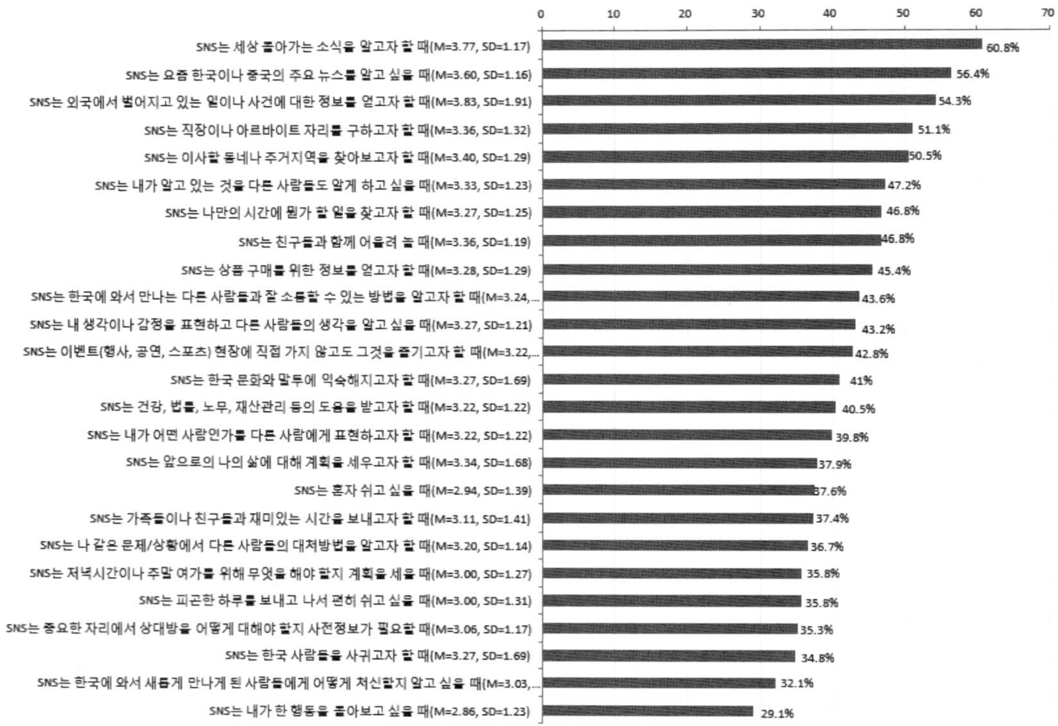

*주. 각 항목별 SNS 의존도 평가는 5점 척도(① 전혀 유용하지 않음 ② 유용하지 않은 편임 ③ 보통 ④ 유용한 편임 ⑤ 매우 유용한 편임)로 측정된 응답 중 '유용한 편'이라는 응답과 '매우 유용한 편'이라는 응답자 비율을 의미함.

〈그림 4-36〉 중국동포이주민의 SNS 의존도 평가

에게 어떻게 처신할지 알고 싶을 때' SNS에 의존한다는 응답은 매우 적었다.

SNS의 경우 인터넷이나 스마트폰의 경우와 달리 '내가 알고 있는 것을 다른 사람들도 알게 하고 싶을 때'나 '내 생각이나 감정을 표현하고 다른 사람들의 생각을 알고 싶을 때'와 같은 자기표현 목적 차원의 의존도가 높았다. SNS가 기존 다른 매체들에 비해 자신을 드러내고 표현하는 데 적절한 매체라는 인식이 중국동포이주민들 사이에서도 강하다는 것을 보여주는 결과라 할 수 있다.

이 밖에도 '상품 구매를 위한 정보를 얻고자 할 때', '나만의 시간에 뭔가 할 일을 찾고자 할 때', '친구들과 함께 어울려 놀고자 할 때' SNS에 의존한다는 응답 비중이 높았다.

2.3.4.2. 인구사회학적 특성별 현황

중국동포의 주요 특성별로 SNS 의존도를 살펴보기 위해 앞에서 제시된 항목들의 평균값을 구한 뒤 그것을 SNS 의존도 점수로 규정하였다. 그 후 각 인구사회학적 특성별로 SNS 의존도 점수를 비교하였다(〈그림 4-37〉). 여성과 남성 두 집단의 SNS 의존도 평가는 통계적으로 유의미한 차이를 보이지 않았다.

연령별로 살펴보면 20~30대에서 SNS 의존도가 높았고 40~50대에서는 상대적으로 SNS 의존도가 낮았다. 그러나 연령대별 차이가 통계적으로 유의미하지는 않았다. 학력수준에 따른 차이를 살펴보면, 대학교 재학 이상의 응답자들이 SNS에 대한 의존도가 높았다. 그러나 소득은 SNS 의존도에 통계적으로 유의미한 차이를 가져오는 변인은 아니었다.

거주기간에 따라 SNS 의존도도 차이를 보였는데 거주기간이 5년

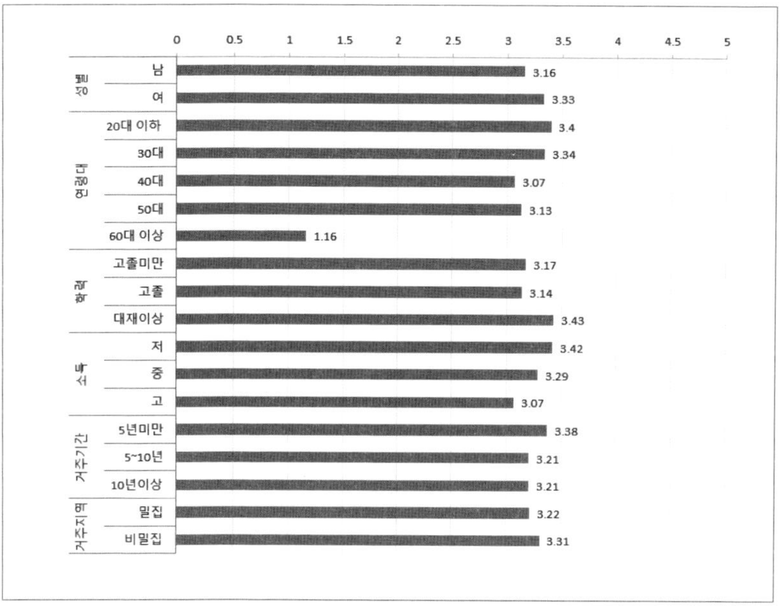

*주. 소득의 경우 저(~140만 원), 중(141~170만 원), 고(171만 원~)의 세 집단으로 분류함.
밀집지역은 구로구 · 금천구 · 영등포구 거주자를, 비밀집지역은 그 외 지역 거주자를 의미함.

〈그림 4-37〉 인구사회학적 특성별 SNS 의존도 평가

미만인 응답자들의 SNS의존도가 높았다. 마지막으로 거주지역에 따른 차이를 살펴보면, 비밀집지역에 거주하는 응답자들이 SNS에 더 많이 의존하는 것으로 나타났다.

3. 중국동포이주민들의 대인커뮤니케이션 현황

3.1. 현 거주지역 이웃들과의 대화

3.1.1 이웃과의 대화 정도 현황

국내 거주 중국동포들이 현 거주하는 지역의 현안에 대해 이웃들과 대화하는 정도를 살펴보았다. 현 거주지역 이웃들과의 대화 정도를 5점 척도(① 전혀 이야기 하지 않음 ② 별로 이야기 하지 않음 ③ 가끔 이야기함 ④ 종종 이야기 함 ⑤ 매우 자주 이야기 함)로 물어본 결과(〈그림 4-38〉), 전체 응답자 506명 중 현 거주지역 이웃들과 대화를 전혀 하지 않는다고 답한 사람은 109명(21.5%)이었고 별로 이야기 하지 않는다는 129명(25.5%), 가끔 이야기한다고 답한 응답자는 185명(36.6%)으로 가장 많았다. 종종 이야기한다는 응답자는 75명(14.8%), 매우 자주

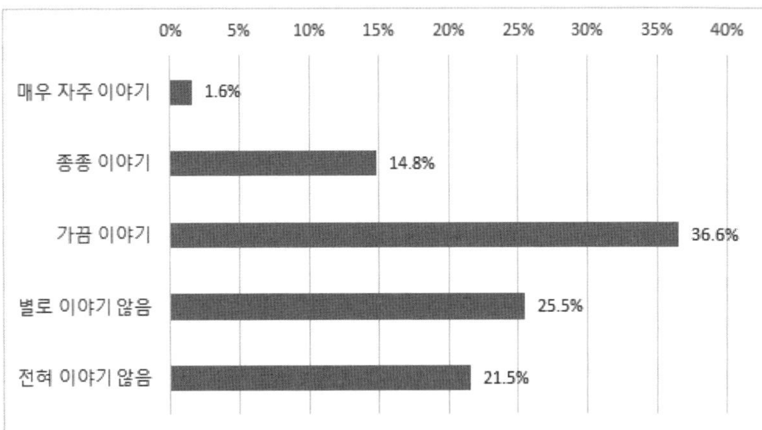

〈그림 4-38〉 국내 거주 중국동포의 현 거주지역 이웃들과의 대화 정도

이야기한다는 응답자는 8명(1.6%) 순으로 나타났다.

3.1.2. 인구사회학적 특성별 현황

국내 거주 중국동포들이 현 거주하는 지역의 현안에 대해 이웃들과 대화하는 정도는 인구사회학적 특성에 따라 조금씩 차이를 보였다(〈표 4-16〉). 성별과 연령에 따른 차이는 유의미하지 않았으나 거주기간에 따라 현 거주지역 이웃들과의 대화 정도는 유의미하게 달라졌다(χ^2= 37.920, df=8, p<.001). 5년 이상 거주한 중국동포들은 현 거주지역 이웃들과의 대화 정도가 더 높은 것으로 나타났다. 중국동포 개인의 학력도 현 거주지역에서의 대화 정도에 차이를 가져오는 요인이었다. 학력이 높을수록(χ^2=15.561, df=8, p<.05) 거주지역 이웃들과 대화를 더 많이 나누는 것으로 나타났다.

4. 중국동포이주민의 정보유형별 커뮤니케이션 채널 이용 현황

4.1. 뉴스 정보

국내 거주 중국동포들은 뉴스정보를 얻기 위해 다양한 채널을 활용한다(〈표 4-17〉). 그중 가장 보편적으로 이용하는 채널은 한국 TV방송으로 나타났으며, 506명 응답자 중 89.5%에 해당하는 452명이 뉴스 정보를 얻기 위해 한국 TV방송을 시청한다고 답했다. 다음으로는 한국에 거주하는 가족, 친지(55.3%)나 친구, 동료(51.2%) 등 한국

〈표 4-16〉 중국동포이주민의 주요 인구사회학적 특성별 현 거주지역 이웃들과의 대화 정도

	전혀 이야기 않음	별로 이야기 않음	가끔 이야기	종종 이야기	매우 자주 이야기	합계
성별						
남	50 23.4%	61 28.5%	76 35.5%	25 11.7%	2 0.9%	214 100.0%
여	59 20.2%	68 23.3%	109 37.3%	50 17.1%	6 2.1%	292 100.0%
연령						
20대 이하	22 23.9%	28 30.4%	30 32.6%	12 13.0%	0 0%	92 100.0%
30대	24 18.9%	27 21.3%	50 39.4%	25 19.7%	1 0.8%	127 100.0%
40대	28 23.7%	29 24.6%	45 38.1%	12 10.2%	4 3.4%	118 100.0%
50대	27 23.7%	37 32.5%	36 31.6%	12 10.5%	2 1.8%	114 100.0%
60대 이상	8 14.5%	8 14.5%	24 43.6%	14 25.5%	1 1.8%	55 100.0%
학력						
고졸미만	29 31.5%	15 16.3%	33 35.9%	15 16.3%	0 0.0%	92 100.0%
고졸	53 20.6%	73 28.4%	87 33.9%	37 14.4%	7 2.7%	257 100.0%
대재이상	27 17.3%	41 26.3%	64 41.0%	23 14.7%	1 0.6%	156 100.0%
소득						
저	33 24.4%	33 24.4%	39 28.9%	26 19.3%	4 3.0%	135 100.0%
중	31 21.7%	44 30.8%	53 37.1%	14 9.8%	1 0.7%	143 100.0%
고	31 20.9%	36 24.3%	56 37.9%	24 16.2%	1 0.7%	148 100.0%
거주기간						
5년 미만	53 31.4%	47 27.8%	54 32.0%	15 8.9%	0 0.0%	169 100.0%
5~10년	31 18.9%	53 30.8%	59 34.3%	25 14.5%	4 2.3%	172 100.0%
10년 이상	20 13.8%	24 16.6%	63 43.4%	34 23.4%	4 2.8%	145 100.0%
거주지역						
밀집	60 21.4%	75 26.8%	96 34.3%	45 16.1%	4 1.4%	280 100.0%
비밀집	49 21.7%	554 23.9%	89 39.4%	30 13.3%	4 1.8%	226 100.0%

*주. 소득의 경우 저(~140만원), 중(141~170만원), 고(171만원~)의 세 집단으로 분류함.
밀집지역은 구로구 · 금천구 · 영등포구 거주자를, 비밀집지역은 그 외 지역 거주자를 의미함.

〈표 4-17〉 국내 거주 중국동포의 이용 동기별 정보습득 채널 순위(%)

순위	뉴스정보습득		생활정보습득		오락, 휴식	
1	한국 TV방송	89.3	한국 TV방송	82.6	한국 TV방송	79.1
2	한국거주 가족·친지와 대화	55.3	한국거주 가족·친지와 대화	59.3	한국거주 가족·친지와 대화	55.9
3	한국거주 친구·동료·이웃과 대화	51.2	한국거주 친구·동료·이웃과 대화	53.6	한국거주 친구·동료·이웃과 대화	52.4
4	한국 인터넷 웹사이트	48.6	한국 인터넷 웹사이트	49.8	한국 인터넷 웹사이트	48.0
5	중국거주 가족·친지와 대화	44.3	중국거주 가족·친지와 대화	45.1	중국거주 가족·친지와 대화	37.5
6	중국거주 친구·동료·이웃과 대화	39.9	중국거주 친구·동료·이웃과 대화	41.1	중국거주 친구·동료·이웃과 대화	35.2
7	중국동포 대상 신문	38.3	중국 인터넷 웹사이트	34.2	중국 인터넷 웹사이트	32.8
8	중국 인터넷 웹사이트	35.6	중국동포 대상 신문	34.0	중국동포 대상 신문	24.7
9	한국 일간신문	29.8	한국 일간신문	27.9	SNS	23.3
10	SNS	23.7	SNS	22.9	중국 TV방송	21.1
11	중국 TV방송	23.5	중국 TV방송	19.8	한국 일간신문	17.8
12	한국 라디오방송	18.4	공공기관 제공소식지·안내문	16.4	한국 라디오방송	16.2
13	공공기관 제공소식지·안내문	14.8	한국 라디오방송	15.8	공공기관 제공소식지·안내문	11.9
14	중국 일간신문	10.7	단체·교회 제공 소식지·안내문	11.3	단체·교회 제공 소식지·안내문	10.1
15	단체·교회 제공 소식지·안내문	9.9	전문가와의 상담	8.9	중국 일간신문	6.7
16	전문가와의 상담	7.5	중국 일간신문	8.7	중국 라디오	5.9
17	중국 라디오	4.7	중국 라디오	3.6	기타	3.2
18	기타	4.2	기타	3.6	전문가와의 상담	3.0

에 거주하는 지인과의 직접 대화를 통해 뉴스정보를 얻는다는 답변이 뒤를 이었고, 응답자의 약 절반가량(48.6%)은 한국 인터넷 웹사이트를 통해 뉴스정보를 얻는다고 응답했다. 또한 응답자의 1/4에 가까운 23.8%가 SNS를 통해 뉴스를 얻는다고 응답했다. 다른 중국 미디어

의 이용은 전반적으로 저조했지만 중국동포사회에서 발간되는 중국동포 신문을 통해 뉴스 정보를 얻는다는 응답이 꽤 높은 비중(35.6%)을 차지한 것 역시 국내거주 중국동포의 미디어 이용의 중요한 특징이라고 할 수 있다.

뉴스정보채널의 이용은 인구통계학적 특성에 따라 몇 가지 차이를 보였다(〈그림 4-39~44〉, 〈표 4-18〉). 먼저 인구통계학적 특성에 따라 가장 다양한 차이가 나타난 뉴스정보 채널은 한국웹사이트, 한국일간신문, 중국TV이다. 뉴스를 위한 한국 인터넷 웹사이트 이용은 연령(χ^2=100.506, df=4, p<.001), 학력(χ^2=50.980, df=2, p<.001), 소득(χ^2=7.636, df=2, p<.05), 거주기간(χ^2=7.700, df=2, p<.05)에 따라 유의미한 차이가 나타났으며, 구체적으로는 나이가 적을수록, 학력이 높을수록 한국 웹사이트에서 뉴스 정보를 더 많이 얻고 있었다. 소득의

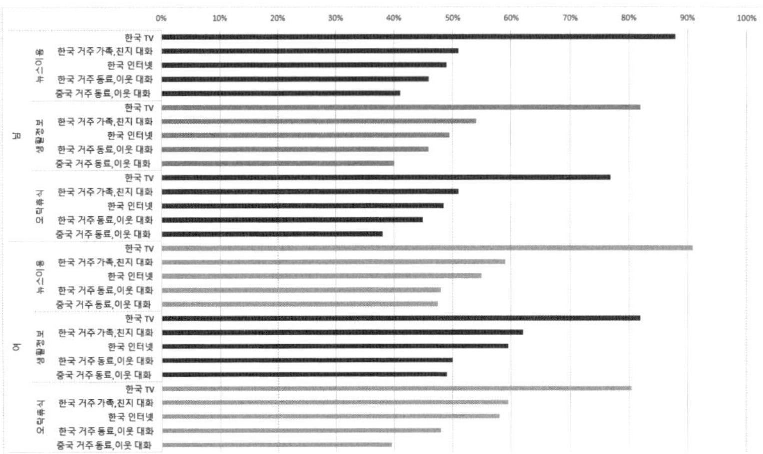

〈그림 4-39〉 성별, 정보유형별 주요 이용 커뮤니케이션 채널 유형

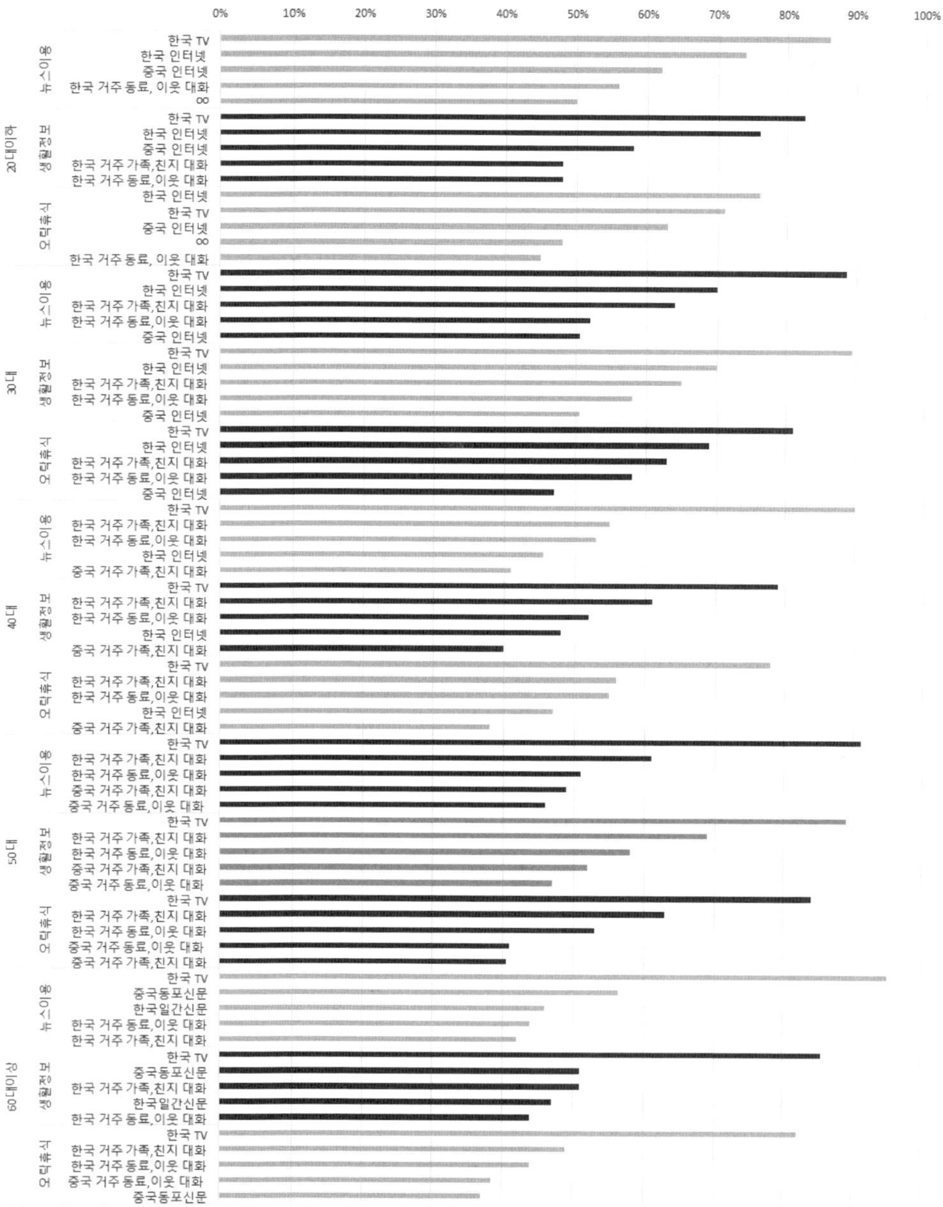

〈그림 4-40〉 학력별, 정보유형별 주요 이용 커뮤니케이션 채널 유형

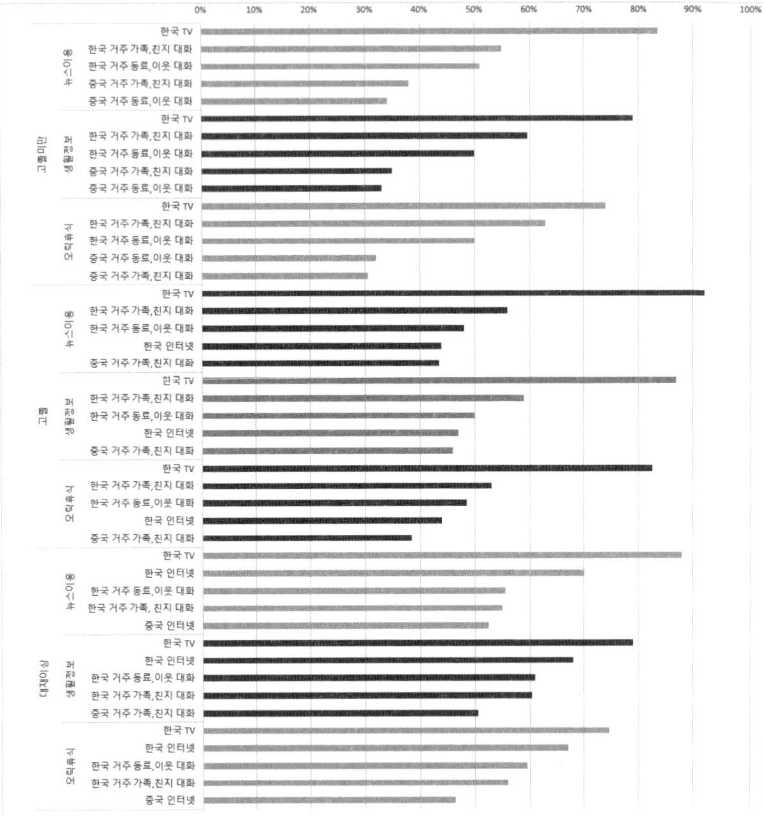

〈그림 4-41〉 연령별, 정보유형별 주요 이용 커뮤니케이션 채널 유형

경우 저소득이거나 고소득인 경우가 중간 소득보다 뉴스정보를 위해 한국 인터넷 웹사이트를 더 많이 이용하는 것으로 나타났다. 또한 한국에서 거주기간이 짧을수록 한국 인터넷 웹사이트의 이용이 높았다. 한국 일간신문의 경우에는 나이가 많을수록(χ^2=100.506, df=4, p<.001), 학력이 높을수록(χ^2=6.761, df=2, p<.05), 한국에서의 거주기간이 길수록(χ^2=9.790, df=2, p<.005), 비밀집지역에 거주할수록(χ^2=5.592 df=1,

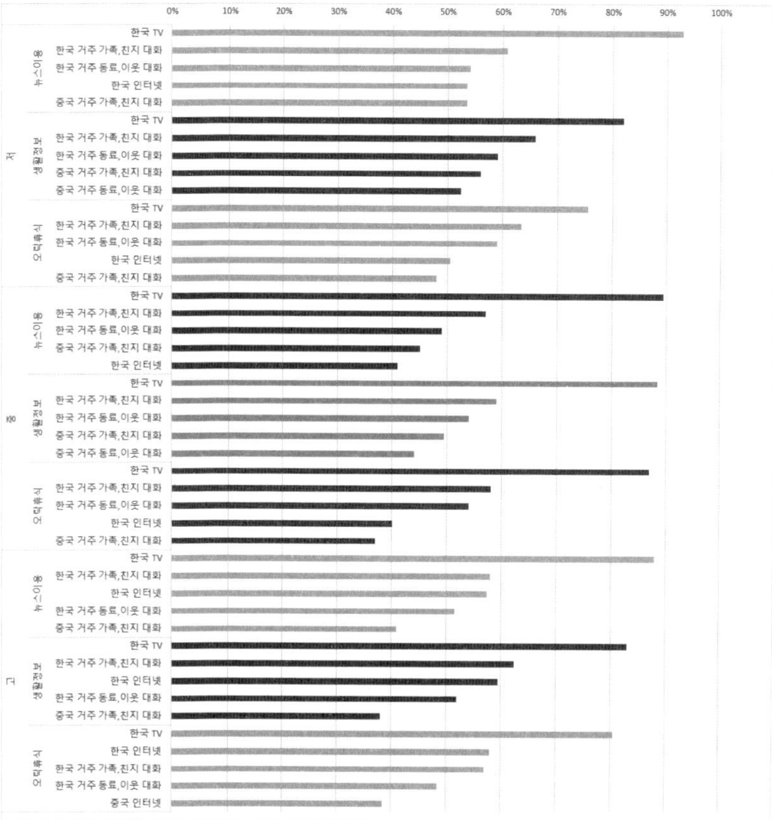

*주. 소득의 경우 저(~140만원), 중(141~170만원), 고(171만원~)의 세 집단으로 분류함.

〈그림 4-42〉 소득수준별, 정보유형별 주요 이용 커뮤니케이션 채널 유형

p<.05) 많이 이용하는 것으로 나타났다. 중국 TV방송을 통한 뉴스정보 이용은 어릴수록(χ^2=10.501, df=4, p<.05), 고졸 미만보다 고졸 이상이(χ^2= 9.921, df=2, p<.01), 10년 이상 거주자보다 10년 미만 거주자가(χ^2= 8.064, df=2, p<.05), 밀집거주지역에 거주할수록(χ^2=4.232, df=1, p<.05) 더 많은 것으로 나타났다.

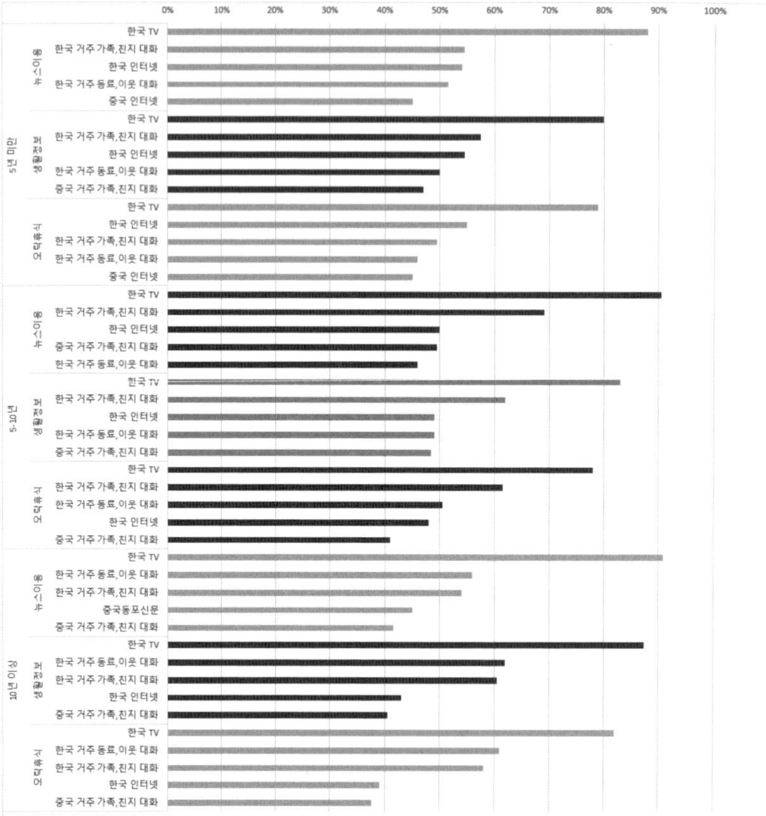

〈그림 4-43〉 거주기간별, 정보유형별 주요 이용 커뮤니케이션 채널 유형

뉴스습득을 위한 중국 웹사이트 이용과 SNS, 중국동포 대상 신문 이용, 공공기관 소식지 이용에서도 인구통계학적 특성별 차이가 두드러졌다. 뉴미디어인 중국웹사이트와 SNS 이용 역시 한국웹사이트 이용과 마찬가지로 나이가 어릴수록(중국웹, χ^2=76.320, df=4, p<.001; SNS, χ^2=76.618, df=4, p<.001), 학력이 높을수록(중국웹, χ^2=42.604,

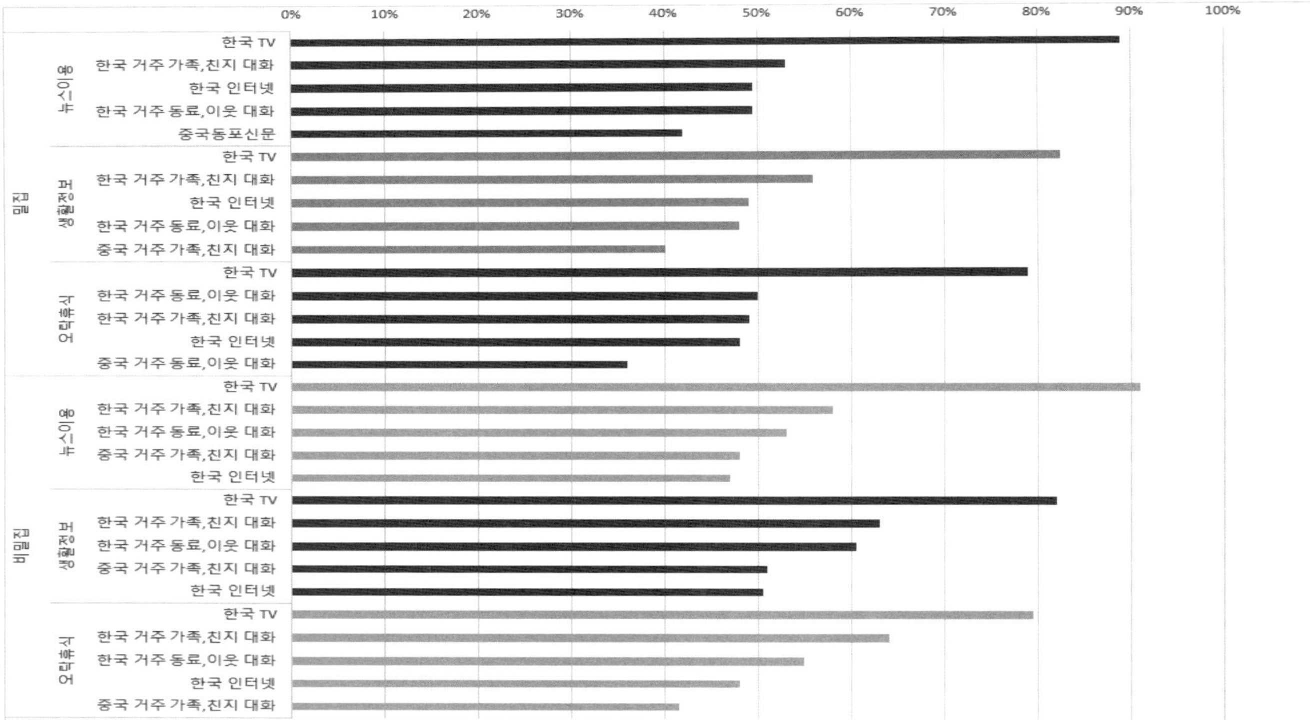

*주. 밀집지역은 구로구 · 금천구 · 영등포구 거주자를, 비밀집지역은 이외 지역 거주자를 의미함.

〈그림 4-44〉 거주지역별, 정보유형별 주요 이용 커뮤니케이션 채널 유형

df=2, $p<.001$; SNS, $\chi^2=21.529$, df=2, $p<.001$), 한국 거주기간이 짧을수록(중국웹, $\chi^2=15.075$, df=2, $p<.001$; SNS $\chi^2=16.412$, df=2, $p<.001$) 높게 나타났다. 중국동포 대상 신문의 경우 나이가 많을수록($\chi^2=15.693$, df=4, $p<.005$), 고졸 미만보다 고졸 이상이($\chi^2=8.175$, df=2, $p<.005$), 밀집거주지역에 살수록($\chi^2=4.992$, df=1, $p<.05$) 뉴스정보를 위해 중국동포신문을 더 많이 이용하는 것으로 나타났다. 공공기관 소식지의 경우 여자가($\chi^2=4.399$, df=1, $p<.05$), 30대와 60대가($\chi^2=14.177$, df=4, $p<.01$), 저소득자가($\chi^2=7.600$, df=2, $p<.05$) 뉴스정보 매체로 선호하는 것으로 나타났다.

뉴스정보를 위한 단체・교회 소식지 이용, 전문가와의 상담, 한국TV방송 시청, 한국거주 가족・친지와 대화, 중국 라디오 이용의 경우 인구통계학적 특성에 따른 차이가 크지는 않다. 단체 및 교회 소식지는 저소득층에서 선호하는 정보채널이면서($\chi^2=8.101$, df=2, $p<.05$), 동시에 고학력층에서 많이 이용하는 정보채널이기도 했다($\chi^2=9.399$, df=2, $p<.01$). 전문가와의 상담을 통해 뉴스정보를 얻는다는 응답은 5~10년 거주한 중간 거주자가 5년 미만의 단기거주자와 10년 이상의 장기거주자에 비해 낮게 나타났으며($\chi^2=12.074$, df=2, $p<.005$), 밀집거주지역 거주자들의 이용이 더 많았다($\chi^2=4.823$, df=1, $p<.05$). 한국 TV방송의 경우 대재 이상 혹은 고졸 미만보다 고졸 학력자가 선호하고 있었으며($\chi^2=6.339$, df=2, $p<.05$), 중국 라디오는 고학력자일수록 뉴스정보원으로 더 많이 이용하고 있었다($\chi^2=6.465$, df=2, $p<.05$). 한국거주 가족이나 친지와의 대화를 통해 뉴스정보를 얻는다는 응답의 경우, 연령에 따른 차이가 나타났는데($\chi^2=11.253$, df=4, $p<.05$), 20대나 60대보다 30대, 40대, 50대 중년층이 더 많이 이용하는 것으로 나타났다.

이외 뉴스정보습득을 위한 한국거주 친구·이웃·동료와의 대화, 중국거주 가족이나 친구·이웃·동료와의 대화, 중국 일간 신문 이용에서는 인구통계학적 특성별 차이가 나타나지 않았다.

4.2. 생활 정보

국내 거주 중국동포들은 생활정보를 얻기 위해 다양한 채널을 활용하고 있었는데(〈그림 4-39~44〉, 〈표 4-19〉), 뉴스정보와 마찬가지로 생활정보를 얻기 위해서도 한국 TV방송을 가장 많이 사용하고 있었다(82.6%). 뉴스정보를 얻을 때와 동일하게, 한국에 거주하는 가족, 친지(59.3%), 친구, 동료(53.6%) 등 한국 거주 지인과의 직접 대화를 통해 생활정보를 얻는다는 답변이 뒤를 이었고, 한국 인터넷 웹사이트(49.9%), 중국거주 가족·친지(45.1%)나 중국거주 친구·동료 등(41.1%)을 통해 생활정보를 얻는다는 응답이 그 뒤를 이었다.

생활 정보를 얻을 때도 국내 거주 중국동포들은 중국 미디어보다 한국 미디어에 더 의존하는 경향을 보이고 있다. 특히 생활정보를 위해 공공기관 제공 소식지나 안내문(16.4%), 단체 및 교회 제공 소식지나 안내문(11.3%)을 이용한다는 비중이, 뉴스정보를 얻을 때 동 매체를 이용하는 비중이나 순위보다 높게 나타나고 있으며, 생활정보를 위해 전문가와 상담한다는 비중 역시 8.9%로 뉴스정보를 얻을 때보다 조금 더 높은 순위를 차지했다. 지인과의 대화, 전자미디어 이용, 중국동포관련신문 이용 비중 역시 뉴스정보를 얻을 때와 마찬가지로 높게 나타나고 있다.

생활정보채널들도 인구통계학적 특성에 따라 이용에 다양한 차이가 나타나고 있다. 인구통계학적 특성에 따른 차이가 두드러진 생활정보채널은, 한국거주 친구·동료·이웃과의 대화, 한국 웹사이트, 중국 웹사이트, SNS, 한국 일간신문, 공공기관소식지이다. 한국거주 친구 및 동료와의 대화를 통해 생활정보를 얻는다는 응답은 여성(χ^2=8.452, df=1, p<.005), 10년 이상 장기거주자에서(χ^2=6.129, df=2, p<.05) 높게 나타났으며, 밀집지역보다는 비밀집지역 거주자가 한국 거주 이웃 및 동료와의 대화에서 생활정보를 더 많이 얻는 것으로 나타났다(χ^2=6.722, df=1, p<.01). 인터넷과 SNS의 경우 디지털 격차가 뚜렷하게 나타나고 있었다. 한국 웹사이트는 나이가 적을수록(χ^2=101.036, df=4, p<.001), 고학력일수록(χ^2=38.033, df=2, p<.001), 저소득층일수록(χ^2=9.308, df=2, p<.01) 생활정보채널로 많이 이용하는 것으로 나타났다. 중국 인터넷 웹사이트와 SNS도 어릴수록(중국웹, χ^2=73.451, df=4, p<.001; SNS, χ^2=70.560, df=4, p<.001), 고학력일수록(중국웹, χ^2=22.066, df=2, p<.001; SNS, χ^2=14.21, df=2, p<.001), 한국 거주기간이 짧을수록 생활정보채널로의 이용이 많았다(중국웹, χ^2=14.475, df=2, p<.001; SNS, χ^2=13.602, df=2, p<.005). 한국일간신문의 경우 20대 이하는 적게, 60대 이상이 많이 이용하며(χ^2=17.614, df=4, p<.005), 대재 이상 고학력자와(χ^2=7.825, df=2, p<.05), 10년 이상 장기 거주자가(χ^2=15.218, df=2, p<.001) 많이 이용하는 것으로 나타났다. 공공기관 제공 소식지는 여성(χ^2=7.950 df=1, p<.005), 30대와 60대가 선호하는 것으로 나타났으며(χ^2=16.946, df=4, p<.005), 중간 이상 소득자보다 저소득층에서 이용이 많은 것으로 나타났다(χ^2=10.101, df=2, p<.01).

생활정보를 위한 한국TV, 한국거주 가족·친지와의 대화, 중국거주 가족, 친지, 혹은 친구·동료와의 대화, 중국동포관련신문, 한국라디오, 단체 및 교회 소식지, 전문가와의 상담, 중국일간신문의 경우 인구통계학적 특성에 따른 차이가 크게 나타나지는 않는다. 한국TV 방송의 경우 뉴스정보 이용 시와 마찬가지로 고졸 학력자가 고졸 미만 혹은 대재 이상보다 특별히 더 선호하는 경향을 보였다(χ^2= 6.404, df=2, p<.05). 생활정보를 위한 한국거주 가족이나 친지와의 대화는 20대 이하의 연령층은 낮게 나타난 반면 가족이 있는 중년층, 특히 50대가 많이 이용하는 것으로 나타났다(χ^2=12.452, df=4, p<.05). 반면 중국거주의 가족·친지와의 대화를 통해 생활정보를 얻는다는 응답은 비밀집거주지역 거주자와(χ^2=5.182, df=1, p<.05), 저소득층에서 높게 나타났다(χ^2=9.214, df=2, p<.01). 중국거주의 친구나 동료, 이웃과의 대화를 통해 생활정보를 얻는다는 응답 역시 저소득층에서 높게 나타나(χ^2=8.761, df=2, p<.05), 저소득층이 중국 지인을 생활정보 채널로 이용하는 것을 알 수 있다. 중국동포관련신문의 경우 20대 이하는 적게, 60대 이상이 많이 이용하며(χ^2= 16.593, df=4, p<.005), 고졸 이상 학력자가 고졸 미만 학력자보다 더 잘 이용하는 것으로 나타났다(χ^2=9.732, df=2, p<.01). 한국라디오를 생활정보채널로 이용하는 경우는 180만 원 이상 고소득자가(χ^2=6.591, df=2, p<.05), 10년 이상 장기거주자(χ^2=8.103, df=2, p<.05)에서 높게 나타나, 라디오를 정보채널로 활용하는 계층은 안정된 생활자들로 나타났다. 단체, 교회 제공 소식지 및 안내문은 고학력자일수록 많이 이용하는 반면(χ^2=7.170, df=2, p<.05), 소득 면에서는 저소득층이 많이 이용하는 것으로 나타났다(χ^2=11.748, df=2, p<.01). 전문가와의 상담을 통해 생활정보를 얻는다는 응답은 고학력자(χ^2=6.610, df=2, p<.05)일수록 많았다. 중국일간신문을 통해 생활정보를 얻는다는 응답은 60대 이상에서는 높고, 40대에서 유독 낮게 나타났다(χ^2=20.697, df=4, p<.001).

4.3. 오락·휴식

국내 거주 중국동포들이 오락·휴식을 위해 활용하는 다양한 채널 패턴은 뉴스정보나 생활정보를 위한 미디어 이용 패턴과 거의 비슷하게 나타나고 있다(〈그림 4-39~44〉, 〈표 4-20〉). 오락·휴식을 위해서도 한국TV방송을 이용한다는 비중이 79.1%에 달해, 전반적으로 국내거주 중국동포들이 다양한 정보습득을 위해 한국 TV방송에 크게 의존하고 있음을 알 수 있다. 뉴스나 생활정보를 얻을 때와 유사하게, 오락·휴식 시에도 한국거주 가족·친지(55.9%), 친구·동료·이웃(52.4%) 등 지인과의 대화, 한국 인터넷(48.0%), 중국거주 가족·친지(37.5%), 중국거주 친구·동료, 이웃(35.2%)과의 대화, 중국인터넷웹사이트(32.8%) 순으로 많이 이용하고 있었다. TV와 인터넷 선호, 대화를 통한 정보습득 선호가 동시에 나타난다는 점 역시 뉴스정보나 생활정보를 얻기 위한 미디어 이용 패턴과 비슷하게 나타났다. 뉴스 및 생활정보를 위한 미디어 이용 패턴과의 차이점이 있다면, 오락 및 휴식을 위해 '일간신문'을 이용한다고 답한 비율이 낮다는 것이다. 오락 및 휴식을 위해 한국 일간신문을 이용한다는 응답(17.8%)이나 중국 일간신문을 이용한다는 응답(6.7%)은 뉴스나 생활정보를 위해 각 신문을 이용할 때보다 낮게 나타났다(뉴스정보를 위한 한국 일간신문 이용 30.0%, 중국 일간신문 이용 10.7%, 생활정보를 위한 한국 일간신문 이용 34.0%, 중국 일간신문 이용 8.7%).

인구통계학적 특성에 따라 오락·휴식을 위한 커뮤니케이션 채널 이용은 상당한 차이를 보인다. 먼저 이용에 가장 다양한 차이가 나타난 뉴스정보 채널은 한국 웹사이트였다. 연령(χ^2=110.604, df=4, p<.001), 학력(χ^2=40.847, df=2, p<.001), 소득(χ^2=9.076, df=2, p<.05), 거주기

간(χ^2=7.885, df=2, p<.05)에 따라 유의미한 차이가 나타났다. 구체적으로는 나이가 적을수록, 학력이 높을수록 한국 웹사이트에서 오락 및 휴식을 얻는다고 답했으며, 소득의 경우 저소득이거나 고소득인 경우가 중간 소득보다 응답이 더 높게 나타났다. 또한 한국에서 보다 짧은 기간 거주할수록 오락 및 휴식을 위한 한국인터넷웹사이트의 이용이 많았다.

오락 및 휴식을 위한 중국웹사이트와 SNS, 공공기관소식지 이용에서도 인구통계학적 특성별 차이가 두드러졌다. 뉴미디어에 해당하는 중국웹사이트와 SNS는 각기 연령, 학력, 거주기간에 따라 차이를 보였으며, 한국웹사이트 이용과 마찬가지로 나이가 어릴수록(중국웹, χ^2=90.581, df=4, p<.001; SNS, χ^2=64.639, df=4, p<.001), 학력이 높을수록(중국웹, χ^2=27.875, df=2, p<.001; SNS, χ^2=18.854, df=2, p<.001), 거주기간이 짧을수록(중국웹, χ^2=23.690, df=2, p<.001; SNS, χ^2=9.926 df=2, p<.01) 이용정도가 느는 것으로 나타나 디지털 격차의 양상을 보여주고 있다. 공공기관 소식지를 통해 오락・휴식을 취한다는 응답은 여성에게 높게 나타났으며(χ^2=9.164 df=1, p<.005), 60대의 응답은 높은 반면 50대의 응답은 낮았다(χ^2= 19.882, df=4, p<.001). 또한 저소득층(χ^2=10.551, df=2, p<.01)이 공공기관 소식지를 오락 및 휴식 목적으로 적극적으로 이용하는 것으로 나타났다.

오락・휴식을 위한 한국 TV방송 시청, 한국거주 가족 및 친지와의 대화, 한국거주 친구 및 동료와의 대화, 중국동포 관련 신문, 한국일간신문의 경우 인구통계학적 차이가 크게 나타나지는 않았다. 오락・휴식을 위한 한국 TV방송 시청의 경우 뉴스정보나 생활정보와 마찬가지로 고졸 학력자가 고졸 미만 혹은 대재 이상보다 더 많이 이용하는 경향이 나타났다(χ^2=6.823 df=2, p<.05). 한국거주 가족 및

친지와의 대화를 통해 오락 및 휴식을 취한다는 응답은 미혼일 가능성이 큰 20대 이하보다 결혼하여 가족을 꾸릴 가능성이 높은 30대 이상에게서($\chi^2=17.791$, df=4, $p<.005$), 비밀집지역에 거주하는 중국동포들에게서 더 높게 나타났다($\chi^2=9.487$, df=1, $p<.005$). 한국거주 친구 및 동료·이웃과 대화를 통해 오락 및 휴식을 얻는다는 응답은 남성보다 여성에게서 더 높이 나타났으며($\chi^2=7.875$, df=1, $p<.01$), 오락, 휴식 목적으로 중국동포 관련 신문을 읽는다는 응답은 60대 이상에게 높게 나타나고 있다($\chi^2=10.356$, df=4, $p<.05$). 한국 일간신문을 읽으며 오락, 휴식을 취한다는 응답은 20대 이하는 낮게, 40대와 60대 이상은 높게 나타난 가운데, 독특하게도 50대가 유독 낮게 나타났다($\chi^2=20.511$, df=4, $p<.001$).

그 외 중국거주 가족 친지와의 대화, 중국거주 친구 및 동료, 이웃과의 대화, 중국 TV시청, 한국 라디오청취, 단체 및 교회 소식지, 중국 일간신문, 중국 라디오, 전문가와의 상담의 경우 인구통계학적 특성별 차이가 나타나지 않았다.

〈표 4-18〉 인구사회학적 특성별 "뉴스 정보" 습득을 위한 정보채널 유형 현황

	한국TV	한국거주 가족·친지 대화	한국거주 친구·이웃 대화	한국 웹사이트	중국거주 가족·친지 대화	중국거주 친구·이웃 대화	중국동포 관련신문	중국 웹사이트	한국 일간신문	SNS	중국TV	한국 라디오	공공기관 소식지	중국 일간신문	단체·교회 소식지	전문가와 상담	중국 라디오	기타
성별																		
남	186 87.3%	109 50.9%	99 46.3%	106 49.5%	86 40.2%	87 40.7%	76 35.5%	80 37.4%	65 30.4%	57 26.8%	51 23.9%	45 21.0%	23 10.7%	24 11.2%	18 8.4%	16 7.5%	9 4.2%	9 4.2%
여	266 91.1%	171 58.6%	160 54.8%	140 47.9%	138 47.3%	115 39.4%	118 40.4%	100 34.2%	86 29.7%	63 21.6%	68 23.3%	48 16.4%	52 17.9%	30 10.3%	32 11.0%	22 7.5%	15 5.1%	12 4.1%
연령																		
20대 이하	79 85.9%	44 47.8%	51 55.4%	68 73.9%	35 38.0%	40 43.5%	25 27.2%	57 62.0%	19 20.7%	46 50.0%	30 32.6%	15 16.3%	10 11.0%	9 9.8%	9 9.8%	6 6.5%	5 5.4%	2 2.2%
30대	112 88.2%	81 63.8%	61 48.0%	89 70.2%	66 52.0%	50 39.4%	41 32.3%	64 50.4%	38 30.2%	41 32.3%	35 27.6%	24 18.9%	29 22.8%	16 12.6%	8 6.3%	10 7.9%	9 7.1%	10 7.9%
40대	105 89.7%	63 53.4%	65 55.1%	53 44.9%	45 38.1%	39 33.15	48 40.7%	34 28.8%	37 31.4%	26 22.0%	26 22.0%	26 22.0%	17 14.4%	7 5.9%	19 16.1%	12 10.2%	4 3.4%	2 1.7%
50대	104 91.2%	69 60.5%	58 50.9%	29 25.4%	56 49.1%	52 45.6%	49 43.0%	21 18.4%	32 28.3%	7 6.1%	21 18.4%	17 14.9%	8 7.0%	11 9.6%	7 6.1%	8 7.0%	3 2.6%	2 1.8%
60대 이상	52 94.5%	23 41.8%	24 43.6%	7 12.7%	22 40.0%	21 38.2%	31 56.4%	4 7.3%	25 45.5%	0 0.0%	7 13.0%	11 20.0%	11 20.0%	11 20.0%	7 12.7%	2 3.6%	3 5.5%	5 9.1%
학력																		
고졸미만	77 83.7%	51 55.4%	47 51.15	23 25.0%	34 37.0%	31 33.7%	24 26.1%	11 12.0%	18 19.8%	11 12.0%	10 10.9%	14 15.2%	9 9.8%	8 8.7%	2 2.2%	3 3.3%	0 0.0%	5 5.4%
고졸	237 92.6%	142 55.3%	124 48.2%	113 44.0%	112 43.6%	99 38.5%	100 38.9%	86 33.5%	77 30.0%	52 20.3%	68 26.6%	49 19.1%	39 15.2%	26 10.15	25 9.7%	18 7.0%	13 5.1%	10 3.9%
대재이상	137 87.85	86 55.1%	87 55.8%	109 69.9%	78 50.0%	72 46.2%	69 44.2%	82 52.6%	55 35.5%	56 35.9%	40 25.6%	30 19.2%	26 16.8%	20 12.8%	22 14.1%	16 10.3%	11 7.1%	6 3.8%
소득																		
저	125 92.6%	82 60.7%	73 54.1%	72 53.3%	72 53.3%	65 48.1%	51 37.8%	53 39.3%	37 27.5%	34 25.2%	40 29.6%	20 14.8%	27 20.0%	14 10.4%	21 15.6%	13 9.6%	8 5.9%	9 6.7%
중	128 89.5%	80 55.9%	70 49.0%	59 41.3%	65 45.5%	56 39.2%	57 39.9%	49 34.3%	47 33.1%	28 19.6%	31 21.7%	24 16.8%	16 11.3%	15 10.5%	9 6.3%	7 4.9%	4 2.8%	3 2.1%

고	129 76.8%	85 57.4%	76 51.4%	84 56.8%	61 41.2%	56 37.8%	52 35.1%	56 37.8%	50 33.8%	43 29.1%	32 21.8%	40 27.0%	14 9.5%	13 8.8%	11 7.4%	12 8.1%	10 6.8%	4 2.7%
거주 기간																		
5년 미만	148 87.6%	92 54.4%	87 51.5%	91 53.8%	72 42.6%	72 42.6%	55 32.5%	75 44.4%	42 24.9%	58 34.3%	50 29.6%	29 17.2%	22 13.1%	16 9.5%	9 5.3%	13 7.7%	9 5.3%	7 4.1%
5~10년	156 90.7%	102 59.3%	79 45.9%	86 50.0%	85 49.4%	61 35.5%	68 39.5%	60 34.9%	47 27.5%	33 19.2%	40 23.3%	27 15.7%	32 18.6%	16 9.3%	17 9.9%	4 2.3%	6 3.5%	6 3.5%
10년 이상	131 91.0%	79 54.5%	82 56.6%	56 38.6%	59 40.7%	60 41.4%	65 44.8%	34 23.4%	58 40.3%	24 16.7%	23 16.0%	36 24.8%	20 13.8%	21 14.5%	19 13.1%	18 12.4%	9 6.2%	6 4.1%
거주 지역																		
밀집	247 88.5%	149 53.2%	139 49.6%	139 49.6%	115 41.1%	104 37.1%	120 42.9%	94 33.6%	71 25.4%	65 23.3%	76 27.2%	48 17.1%	39 13.9%	33 11.8%	29 10.4%	28 10.0%	9 3.2%	13 4.6%
비밀집	205 90.7%	131 58.0%	120 53.1%	107 47.3%	109 48.2%	98 43.4%	74 32.7%	86 38.1%	80 35.6%	55 24.3%	43 19.0%	45 19.9%	36 16.0%	21 9.3%	21 9.3%	10 4.4%	15 6.6%	8 3.5%

*주. 소득의 경우 저(~140만원), 중(141~170만원), 고(171만원~)의 세 집단으로 분류함
밀집지역은 구로구·금천구·영등포구 거주자를, 비밀집지역은 이외 지역 거주자를 의미함

〈표 4-19〉 인구사회학적 특성별 "생활 정보" 습득을 위한 정보채널 유형 현황

	한국TV	한국거주 가족·친지 대화	한국거주 친구·이웃 대화	한국 웹사이트	중국거주 가족·친지 대화	중국거주 친구·이웃 대화	중국 웹사이트	중국동포 관련신문	한국 일간신문	SNS	중국TV	공공기관 소식지	한국 라디오	단체·교회 소식지	전문가와 상담	중국 일간신문	중국 라디오	기타
성별																		
남	177 82.7%	117 54.7%	98 45.8%	106 49.5%	86 40.2%	81 37.9%	78 36.4%	71 33.2%	59 27.6%	54 25.2%	47 22.0%	23 10.7%	39 18.2%	20 9.3%	13 6.1%	22 10.3%	7 3.3%	6 2.8%
여	241 82.5%	183 62.7%	173 59.2%	127 43.5%	142 48.6%	127 43.5%	95 32.5%	101 34.6%	82 28.1%	62 21.2%	53 18.2%	60 20.5%	41 14.0%	37 12.7%	32 11.0%	22 7.5%	11 3.8%	12 4.1%
연령																		
20대 이하	76 17.4%	45 48.9%	45 48.9%	36 39.1%	35 38.0%	36 39.1%	54 58.7%	21 22.8%	15 16.3%	43 46.7%	22 23.95	7 7.6%	12 13.0%	11 12.0%	4 4.3%	8 8.75	3 3.3%	3 3.3%
30대	101 79.5%	82 64.6%	74 58.3%	57 44.9%	64 50.4%	57 44.9%	62 48.8%	36 28.3%	32 25.2%	41 32.3%	33 26.0%	30 23.6%	20 15.7%	16 12.6%	16 12.6%	8 6.3%	8 6.3%	6 4.7%
40대	93 78.8%	66 55.9%	62 52.5%	41 34.7%	47 39.8%	41 34.7%	35 29.7%	40 33.9%	37 31.4%	25 21.2%	19 16.1%	18 15.3%	24 20.3%	16 13.6%	12 10.2%	4 3.4%	4 3.4%	2 1.7%
50대	101 88.6%	79 69.3%	66 57.9%	53 46.5%	60 52.6%	53 46.5%	19 16.7%	47 41.2%	31 27.2%	7 6.1%	17 14.9%	13 11.4%	13 11.4%	7 6.1%	9 7.9%	11 9.6%	1 0.9%	3 2.6%
60대 이상	47 85.5%	28 50.9%	24 43.6%	21 38.2%	22 40.0%	21 38.2%	3 5.5%	28 50.9%	26 47.3%	0 0.0%	9 16.4%	15 27.3%	11 20.0%	7 12.7%	4 7.3%	13 23.6%	2 3.6%	4 7.3%
학력																		
고졸미만	72 78.3%	55 59.8%	46 50.0%	31 33.7%	32 34.8%	31 33.7%	15 16.3%	19 20.7%	18 19.6%	11 12.0%	11 12.0%	11 12.0%	15 16.3%	4 4.3%	5 5.4%	7 7.6%	0 0.0%	5 5.4%
고졸	223 86.8%	150 58.4%	128 59.8%	106 41.2%	117 45.5%	106 41.2%	86 33.5%	90 35.0%	67 26.1%	54 21.0%	56 21.8%	41 16.0%	41 16.0%	28 10.9%	18 7.0%	23 8.9%	11 4.3%	8 3.1%
대재이상	122 78.2%	94 60.3%	96 61.5%	71 45.5%	79 50.6%	71 45.5%	71 45.5%	62 39.7%	55 35.3%	50 32.1%	32 20.5%	30 19.2%	24 15.4%	24 15.4%	21 13.5%	14 9.0%	7 4.5%	5 3.2%
소득																		
저	111 82.2%	90 66.7%	80 59.3%	71 52.6%	76 56.3%	71 52.6%	51 37.8%	47 34.8%	36 26.7%	36 26.7%	37 27.4%	31 23.0%	17 12.6%	26 19.3%	18 13.3%	13 9.6%	7 5.2%	10 7.4%
중	126 88.1%	84 58.7%	77 53.8%	63 44.1%	71 59.7%	63 44.1%	46 32.2%	55 38.5%	41 28.7%	26 18.2%	28 19.6%	18 12.6%	20 14.0%	12 8.4%	10 7.0%	13 9.1%	2 1.4%	2 1.4%

고	123 83.1%	93 62.8%	78 52.7%	52 35.1%	57 38.5%	52 35.1%	52 35.1%	41 27.7%	48 32.4%	39 26.4%	28 18.95	15 10.15	34 23.0%	11 7.4%	12 8.1%	8 5.4%	7 4.7%	2 1.4%
거주기간																		
5년 미만	135 79.9%	97 57.4%	85 50.3%	77 45.6%	79 46.7%	77 45.6%	74 43.8%	54 32.0%	36 21.3%	53 31.4%	40 23.7%	21 12.4%	24 14.2%	14 8.3%	17 10.1%	16 9.5%	7 4.1%	4 2.4%
5~10년	143 83.1%	107 62.2%	85 49.4%	65 37.8%	84 48.8%	65 37.8%	57 33.1%	57 33.1%	42 24.4%	39 22.7%	33 19.2%	33 19.2%	21 12.2%	20 11.6%	11 6.4%	13 7.6%	6 3.5%	4 2.3%
10년 이상	125 86.2%	88 60.7%	90 62.1%	58 40.0%	59 40.7%	58 40.0%	34 23.4%	56 38.6%	58 40.0%	20 13.8%	23 15.9%	27 18.6%	34 23.4%	19 13.1%	16 11.0%	15 10.3%	5 3.4%	7 4.8%
거주지역																		
밀집	233 83.2%	158 56.4%	135 48.2%	112 40.0%	113 40.4%	112 40.0%	90 32.1%	103 36.8%	68 24.3%	65 23.2%	61 21.8%	38 13.6%	40 14.3%	29 10.45	30 10.7%	30 10.7%	8 2.9%	15 5.4%
비밀집	185 81.9%	142 62.8%	136 60.2%	96 42.5%	115 50.9%	96 42.5%	83 36.7%	69 30.5%	73 32.3%	51 22.6%	39 17.3%	45 19.9%	40 17.7%	28 12.4%	15 6.6%	14 6.2%	10 4.4%	3 1.3%

*주. 소득의 경우 저(~140만원), 중(141~170만원), 고(171만원~)의 세 집단으로 분류함.
밀집지역은 구로구 · 금천구 · 영등포구 거주자를, 비밀집지역은 이외 지역 거주자를 의미함.

〈표 4-20〉 인구사회학적 특성별 “오락/휴식 정보” 습득을 위한 정보채널 유형 현황

	한국TV	한국거주 가족·친지 대화	한국거주 친구·이웃 대화	한국 웹사이트	중국거주 가족·친지 대화	중국거주 친구·이웃 대화	중국 웹사이트	중국동포 관련신문	SNS	중국TV	한국 일간신문	한국 라디오	공공기관 소식지	단체·교회 소식지	중국 일간신문	중국 라디오	기타	전문가와 상담
성별																		
남	164 76.6%	109 50.9%	96 44.9%	104 48.6%	74 34.6%	78 36.4%	77 36.0%	48 22.4%	55 25.7%	50 23.4%	38 17.8%	41 19.2%	14 6.5%	16 7.5%	19 8.9%	14 6.5%	10 4.7%	4 1.9%
여	236 80.8%	174 59.6%	169 57.9%	139 47.6%	116 39.7%	100 34.2%	89 30.5%	77 26.4%	63 21.6%	57 19.5%	52 17.8%	41 14.0%	46 15.8%	35 12.0%	15 5.1%	16 5.5%	6 2.1%	11 3.8%
연령																		
20대 이하	65 70.7%	36 39.1%	41 44.6%	69 75.0%	33 35.9%	36 39.1%	58 63.0%	17 18.5%	44 47.8%	26 28.3%	8 8.7%	14 15.2%	6 6.5%	9 9.8%	8 8.7%	7 7.6%	4 4.3%	2 2.2%
30대	103 81.1%	81 63.8%	74 58.3%	88 69.3%	47 37.0%	40 31.5%	59 46.5%	23 18.1%	38 29.9%	31 24.4%	22 17.3%	21 16.5%	19 15.0%	13 10.2%	11 8.7%	10 7.9%	8 6.3%	4 3.1%
40대	91 77.1%	66 55.9%	65 55.15	55 46.6%	43 36.4%	38 32.2%	32 27.1%	34 28.8%	27 23.1%	26 22.0%	29 24.6%	20 16.9%	18 15.3%	16 13.6%	3 2.5%	5 4.2%	2 1.7%	5 4.2%
50대	96 84.2%	73 64.0%	61 53.5%	24 21.1%	46 40.4%	47 41.2%	13 11.4%	31 27.2%	7 6.1%	15 13.2%	13 11.4%	15 13.2%	4 3.5%	8 7.0%	5 4.4%	2 1.8%	0 0.0%	2 1.8%
60대 이상	45 81.8%	27 49.1%	24 43.6%	7 12.7%	21 38.2%	17 30.9%	4 7.3%	20 36.4%	2 3.6%	9 16.4%	18 32.7%	12 21.8%	13 23.6%	5 9.1%	7 12.7%	6 10.9%	2 3.6%	2 3.6%
학력																		
고졸미만	68 73.95	58 63.0%	46 50.0%	24 26.1%	28 30.4%	29 31.5%	12 13.0%	14 15.2%	14 15.2%	11 12.0%	12 13.0%	10 10.9%	8 8.7%	6 6.5%	3 3.3%	2 2.2%	4 4.3%	2 2.2%
고졸	215 83.7%	138 53.7%	125 48.6%	114 44.4%	98 38.15	82 31.9%	82 31.9%	66 25.7%	48 18.8%	59 23.0%	45 17.5%	45 17.5%	32 12.5%	22 8.6%	21 8.2%	18 7.0%	6 2.3%	5 1.9%
대재이상	116 74.4%	86 55.1%	93 59.6%	104 66.7%	64 41.0%	67 42.9%	71 45.5%	44 28.2%	55 35.3%	36 23.1%	32 20.5%	27 17.3%	19 12.2%	22 14.1%	10 6.4%	10 6.4%	6 3.8%	7 4.5%
소득																		
저	102 75.6%	86 63.75	79 58.5%	68 50.4%	64 47.4%	58 43.0%	44 32.6%	30 22.2%	36 26.7%	34 25.2%	21 15.6%	21 15.6%	22 16.3%	19 14.1%	12 8.9%	11 8.1%	8 5.9%	7 5.2%
중	123 86.0%	82 57.3%	77 53.8%	57 39.9%	53 37.1%	50 35.0%	41 28.7%	40 28.0%	28 19.6%	28 19.6%	26 18.2%	20 14.0%	11 7.7%	8 5.6%	7 4.9%	5 3.5%	0 0.0%	2 1.4%

고	119 80.4%	83 56.1%	72 48.6%	85 57.4%	51 34.5%	50 33.8%	57 38.5%	34 23.0%	40 27.0%	32 21.6%	27 18.2%	32 21.6%	8 5.4%	13 8.8%	8 5.4%	10 6.8%	5 3.4%	2 1.4%
거주 기간																		
5년 미만	133 78.7%	84 49.7%	77 45.6%	92 54.4%	60 35.5%	57 33.7%	75 44.4%	41 24.3%	53 31.4%	46 27.2%	27 16.0%	24 14.2%	13 7.7%	12 7.1%	14 8.3%	12 7.1%	6 3.6%	7 4.1%
5~10년	134 77.9%	107 62.2%	87 50.6%	83 48.3%	71 41.3%	61 35.5%	55 32.0%	40 23.3%	37 21.55	32 18.6%	23 13.4%	24 14.0%	23 13.4%	19 11.0%	7 4.1%	6 3.5%	5 2.9%	3 1.7%
10년 이상	119 82.1%	83 57.2%	88 60.7%	56 38.6%	53 36.6%	51 35.2%	27 18.6%	40 27.6%	24 16.7%	26 17.9%	40 27.6%	32 22.1%	23 15.9%	18 12.4%	13 9.0%	12 8.3%	3 2.1%	5 3.4%
거주 지역																		
밀집	220 78.6%	139 49.6%	140 50.0%	134 47.9%	96 34.3%	99 35.4%	88 31.4%	78 27.9%	72 25.8%	66 23.6%	46 16.4%	48 17.1%	31 11.1%	29 10.4%	23 8.2%	16 4.7%	13 4.6%	12 4.3%
비밀집	180 79.6%	144 63.7%	125 55.3%	109 48.2%	94 41.6%	79 35.0%	78 34.5%	47 20.8%	46 20.4%	41 18.1%	44 19.5%	34 15.0%	29 12.8%	22 9.7%	11 4.9%	14 6.2%	3 1.3%	3 1.3%

*주. 소득의 경우 저(~140만원), 중(141~170만원), 고(171만원~)의 세 집단으로 분류함
밀집지역은 구로구·금천구·영등포구 거주자를, 비밀집지역은 이외 지역 거주자를 의미함

제 5 장

중국동포이주민의 사회 참여와 사회문화적 적응

제5장 중국동포이주민의 사회 참여와 사회문화적 적응

1. 중국동포이주민의 사회 참여

1.1. 지역사회 참여

국내 거주 중국동포들의 중국동포 집중거주지역 내에서의 사회 참여를 알아보기 위해 총 9개의 항목 즉, ① 지역 행사 참여 ② 권익 신장을 위한 활동/집회 참여 ③ 자원봉사 참여 ④ 정치 관련 집회나 농성 참여 ⑤ 서명운동 참여 ⑥ 대화나 인터넷으로 사회문제 토론 참여 ⑦ 지역사회나 단체 기부 ⑧ 언론사에 의견 기고 ⑨ 투표나 선거 참여를 제시하였다. 응답자들은 자신이 참여한 적이 있는 참여 유형을 표시하였다.

조사 결과(〈표 5-1〉), 504명의 응답자 가운데 203명이 중국동포 지역사회의 행사에 참여한 경험이 있다고 답했다(40.3%). 다음으로는 중국동포 지역 사회의 각종 자원봉사에 참여한 경험자는 24.2%로 나타났고 직장 내 선거나 참여 단체 내 선거와 같이 각종 투표나 선거 참여 경험을 한 응답자 비율은 21.0%였다. 또한 중국동포 지역

〈표 5-1〉 국내 거주 중국동포의 중국동포 지역사회 참여 정도 현황 (n=504)

중국동포 지역 사회 참여 활동	참여 빈도	비율(%)
중국동포 지역 행사 참여	203	40.3
각종 자원봉사 참여	122	24.2
각종 투표나 선거 참여 경험	106	21.0
지역사회나 단체 기부 경험	100	19.8
중국동포 권익 신장을 위한 활동/집회 참여	73	14.5
각종 서명운동 참여	62	12.3
언론사에 전화·이메일·편지를 통한 의견 제시 경험	46	9.1
직접 대화나 인터넷으로 사회문제에 대한 토론 참여	41	8.1
정치 관련 집회나 농성 참여	19	3.8

사회나 단체에 기부한 경험자는 19.8%, 중국동포 사회의 권익 신장을 위한 활동이나 집회에 참여한 사람은 14.5%였다.

국내 거주 중국동포들의 중국동포 지역사회 참여는 인구사회학적 특성에 따라 유의미한 차이를 보였다. 국내 거주 중국동포들의 거주기간은 중국동포 지역사회 참여에 유의미한 영향을 미치는 것으로 나타났다($\chi^2=63.238$, df=16, $p<.001$). 국내에서 오래 거주한 응답자들은 상대적으로 중국동포 지역사회에서의 참여도도 높았다. 연령 또한 중국동포 커뮤니티 참여에 유의미한 영향을 미치는 요인이었는데($\chi^2=57.030$, df=32, $p<.01$), 연령대가 높은 중국동포들이 연령대가 낮은 중국동포들에 비해 중국동포 커뮤니티 참여에 더 적극적이었다.

학력 수준에 따라서도 중국동포 커뮤니티 내 참여 수준은 상당히 달랐다($\chi^2=29.472$, df=16, $p<.05$). 학력이 높을수록 중국동포 지역사회 참여는 더 활발했기 때문이다. 중국동포 밀집거주지역에 사는지 여부는 중국동포 지역사회 참여에 유의미한 차이를 가져오고 있었다($\chi^2=26.141$, df=8, $p<.001$). 영등포구나 구로구와 같이 중국동포 밀집

지역에 거주하는 중국동포의 경우 비밀집지역에 거주하는 중국동포들보다 커뮤니티 참여에 더 적극적이었다. 반면 성별과 소득은 중국동포 지역사회 참여 정도에 큰 차이를 가져오는 요인은 아니었다.

1.2. 집합적 효능감

한편, 중국동포 집거지역 커뮤니티에 관한 집합적 효능감은 비공식적 사회통제(informal social control), 사회적 응집(social cohesion)으로 구분해서 살펴보았다. 먼저 국내 중국동포 집거지역에 대한 중국동포이주민의 비공식적 사회통제에 대한 것이다. 비공식적 사회통제에 대한 응답으로서 중국동포 응답자들은 지역공동체 차원의 문제가 발생했을 때 다른 중국동포들이 얼마나 함께 참여할 것으로 예상하는지에 대한 질문들에 대해 답했다. 중국동포이주민 응답자들은 동참할 것(④ 대부분 동참 ⑤ 모든 동포들 참여)이라고 응답했다. '자발적으로 살기 좋은 동네만들기 사업을 할 때', '신호등 설치를 공동 건의할 때', '유

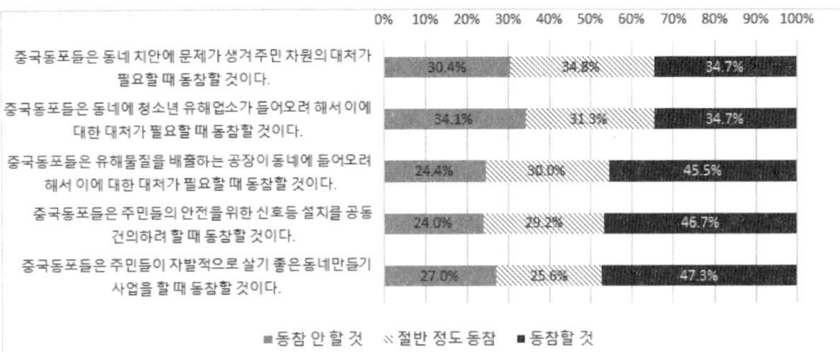

*주. 각 항목은 5점 척도로 측정되었으며 그중 '아무도 동참 안 할 것'과 '대부분 동참 안함'은 '동참 안 할 것'으로, '대부분 동참할 것'과 '모든 동포들 참여'는 '동참할 것'으로 합하여 제시한 것임.

〈그림 5-1〉 집합적 효능감 중 비공식적 사회통제감의 평가

〈표 5-2〉 중국동포의 주요 특성별 집합적효능감 중 사회적 응집 수준의 평가

	그렇지않음	보통	그러함	합계
성별				
남	14 6.7%	74 35.1%	123 58.3%	211 100.0%
여	13 4.5%	81 27.7%	198 67.8%	292 100.0%
연령				
20대 이하	8 8.8%	29 31.9%	54 59.4%	91 100.0%
30대	4 3.2%	48 37.8%	75 59.0%	127 100.0%
40대	6 5.1%	34 28.8%	78 66.1%	118 100.0%
50대	4 3.5%	34 30.1%	75 66.4%	113 100.0%
60대 이상	5 9.3%	10 18.5%	39 72.2%	54 100.0%
학력				
고졸미만	7 7.6%	35 38.0%	50 54.3%	92 100.0%
고졸	17 6.7%	75 29.3%	164 63.9%	256 100.0%
대재이상	3 1.9%	44 28.6%	107 69.4%	154 100.0%
소득				
저	9 6.7%	41 30.4%	85 62.9%	135 100.0%
중	7 4.9%	42 29.4%	94 65.8%	143 100.0%
고	7 4.8%	49 33.8%	89 61.4%	145 100.0%
거주기간				
5년 미만	8 4.7%	56 33.1%	105 62.1%	169 100.0%
5~10년	10 5.8%	58 33.7%	104 60.4%	172 100.0%
10년 이상	8 5.6%	33 23.2%	101 71.1%	142 100.0%
거주지역				
밀집	8 2.9%	92 33.2%	177 63.9%	277 100.0%
비밀집	19 8.4%	63 27.9%	144 47.8%	226 100.0%

*주. 각 항목은 5점 척도로 측정되었으며 그중 '전혀 그렇지 않음'과 '대체로 그렇지 않음'은 '그렇지 않음'으로, '대체로 그러함'과 '매우 그러함'은 '그러함'으로 합하였음
소득의 경우 저(~140만원), 중(141~170만원), 고(171만원~)의 세 집단으로 분류함
밀집지역은 구로구·금천구·영등포구 거주자를, 비밀집지역은 이외 지역 거주자를 의미함.

해물질 공장이 동네에 들어오려 해서 이에 대처할 때', 등에 40% 이상의 다른 중국동포들이 동참할 것이라 답했다. 반면 '청소년 유해업소에 대한 대처'나 '치안에 문제에 대하 주민 차원의 대처' 등에서는 30%대의 다른 중국동포들이 참여할 것이라 답했다(〈그림 5-1〉).

국내 거주 중국동포들의 비공식적 사회통제의 경우, 인구사회학적 특성에 따라 살펴본 결과 유의미한 차이를 발견할 수 있었다(〈표 5-3〉). 국내 거주 중국동포들의 거주 기간은 중국 동포 커뮤니티에 대한 비공식적 사회통제의 집합적 효능감 정도 차이에 유의미한 영향을 미치는 요인이었다(χ^2=19.714, df=8, p<.01). 국내 거주를 오래할수록 중국동포들은 중국동포 커뮤니티에 대한 비공식적 사회통제의 집합적 효능감이 더 높은 것으로 나타났다. 반면 성별, 연령, 학력, 소득, 거주지역은 중국동포 집거 지역에 대한 중국동포들의 비공식적 사회통제에는 큰 차이를 가져오는 요인은 아니었다.

중국동포들의 집합적 효능감 중 사회적 응집은 〈그림 5-2〉와 같은 총 5개 항목으로 측정하였다. 모든 질문 항목에서 긍정적인 답변을

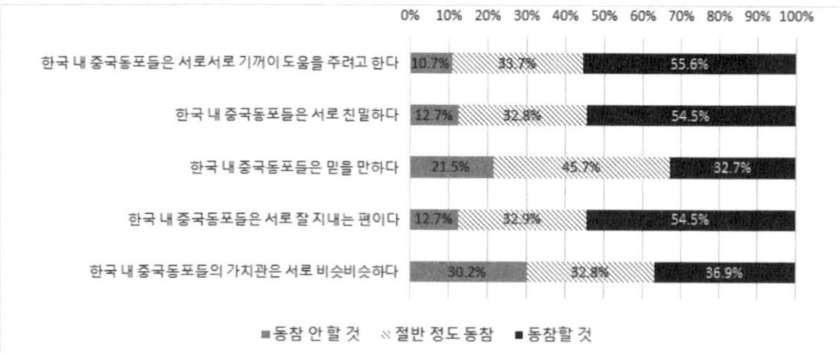

*주. 각 항목은 5점 척도로 측정되었으며 그중 '전혀 그렇지 않음'과 '대체로 그렇지 않음'은 '그렇지 않음'으로, '대체로 그러함'과 '매우 그러함'은 '그러함'으로 합하여 제시한 것임.

〈그림 5-2〉 집합적 효능감 중 사회적 응집 수준의 평가

〈표 5-3〉 중국동포이주민의 주요 특성별 집합적효능감(비공식적 사회적 통제) 현황

	동참 안 할 것	절반 정도	동참할 것	합계
성별				
남	34 16.4%	69 33.3%	104 50.2%	207 100.0%
여	48 16.6%	76 26.3%	165 57.1%	289 100.0%
연령				
20대 이하	23 25.0%	32 34.8%	37 40.2%	92 100.0%
30대	10 7.9%	34 26.8%	83 65.4%	127 100.0%
40대	22 19.3%	35 30.7%	57 50.0%	114 100.0%
50대	17 15.4%	34 30.9%	59 53.7%	110 100.0%
60대 이상	10 18.9%	10 18.9%	33 62.3%	53 100.0%
학력				
고졸 미만	20 22.0%	25 27.5%	46 50.6%	91 100.0%
고졸	45 18.0%	65 26.0%	140 56.0%	250 100.0%
대재 이상	17 11.0%	55 35.5%	83 53.6%	155 100.0%
소득				
저	17 12.6%	36 26.7%	82 60.7%	135 100.0%
중	23 16.5	43 30.9%	73 52.6%	139 100.0%
고	28 19.5%	46 31.9%	70 48.6%	144 100.0%
거주 기간				
5년 미만	32 19.2%	58 34.7%	77 46.1%	167 100.0%
5~10년	31 18.5%	52 31.0%	85 50.6%	168 100.0%
10년 이상	16 11.3%	27 19.1%	98 69.5%	141 100.0%
거주 지역				
밀집	47 17.3%	86 31.5%	140 51.3%	273 100.0%
비밀집	35 15.7%	59 26.5%	129 57.8%	223 100.0%

*주. 각 항목은 5점 척도로 측정되었으며 그중 '아무도 동참 안 할 것'과 '대부분 동참 안함'은 '동참 안 할 것'으로, '대부분 동참할 것'과 '모든 동포들 참여'는 '동참할 것'으로 합하여 제시한 것임.
소득의 경우 저(~140만원), 중(141~170만원), 고(171만원~)의 세 집단으로 분류함.
밀집지역은 구로구·금천구·영등포구 거주자를, 비밀집지역은 이외 지역 거주자를 의미함.

한 응답자들이 많음을 알 수 있다. 또한 국내 거주 중국동포들의 중국동포 사회의 사회적 응집 수준에 대한 평가는 인구사회학적 특성에 따라 유의미한 차이를 보였다. 국내 거주 중국동포들의 성별은 응답자들의 중국동포 커뮤니티 내 사회적 응집 인식에 유의미한 차이를 가져오는 요인이었다($\chi^2=10.930$, df=4, $p<.05$). 여성은 남성에 비해 중국동포 커뮤니티의 사회적 응집에 대하여 긍정적인 인식을 갖고 있는 것으로 나타났다. 반면 연령, 학력, 소득, 거주 기간, 거주지역은 국내 중국동포 커뮤니티 내 사회적 응집 정도에 대한 인식에 유의미한 차이를 가져오는 요인이 아니었다.

2. 중국동포이주민의 사회문화적 적응 전략

2.1 중국동포들의 적응 유형 비교

베리(Berry)의 문화변용론에 뿌리를 두고 있는 문화적응 전략연구는 응답자에게 4가지 적응 수준을 모두 물음으로써 개인이 가진 네 가지 적응 수준값을 도출한다. 그렇다면 동화-분리-통합-주변화 전략은 전체적으로 어떤 분포를 그리고 있는가? 중국동포이주민에게 가장 많이 나타나는 문화적응 전략은 무엇인가? 이를 검토하기 위해 각 적응 전략에 대해 긍정적으로 답변한 사람들의 비율을 비교하였다. 〈그림 5-3〉에서 볼 수 있는 바와 같이 문화적응 전략 중 가장 많은 중국동포이주민들이 취한 전략은 다름 아닌 분리 전략이었다. 주류 사회보다는 자신들의 고유문화를 지키고 자신과 비슷한 배경을 가진 사

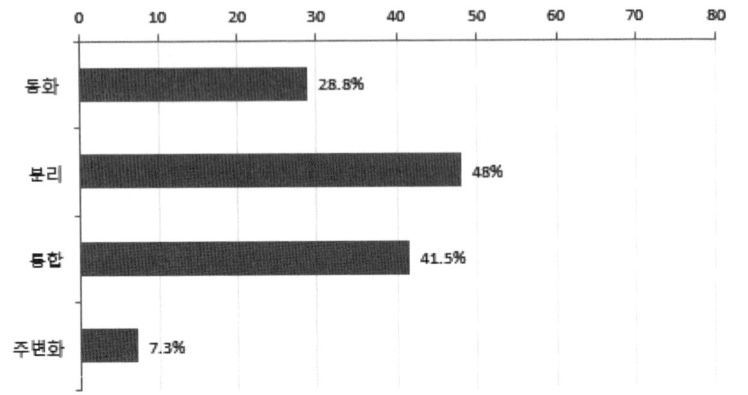

*주. 위 비율은 각 적응전략별 적응 수준이 높은 즉, 5점 척도 중 4점과 5점으로 응답한 사람들의 비율임.

〈그림 5-3〉 중국동포들의 동화/분리/통합/주변화 적응 수준 비교

람들과의 교류를 우선시하는 적응전략 유형이다. 통합 적응전략이 그 뒤를 이었는데 이는 자신의 고유문화와 주류 사회 문화에 모두 높은 적응 수준을 보이는 경우라고 할 수 있다. 동화적응 전략과 주변화 적응전략이 그 뒤를 이었다.

2.2. 통합적 적응전략

국내거주 중국동포들의 한국 사회 적응 전략 중 통합적 적응수준은 총 5개의 문항으로 측정하였다. "나는 상황에 따라 중국식 혹은 한국식 농담을 적절하게 구사할 수 있다", "나는 중국식 사고방식과 한국식 사고방식 모두에 익숙하다", "중국동포들과 한국 사람들 모두 나를 높이 평가한다", "나는 상대방이 중국동포이든, 한국 사람이든 상관없이 편하다", "나는 중국동포사회와 한국 사회에 친구가 두루두

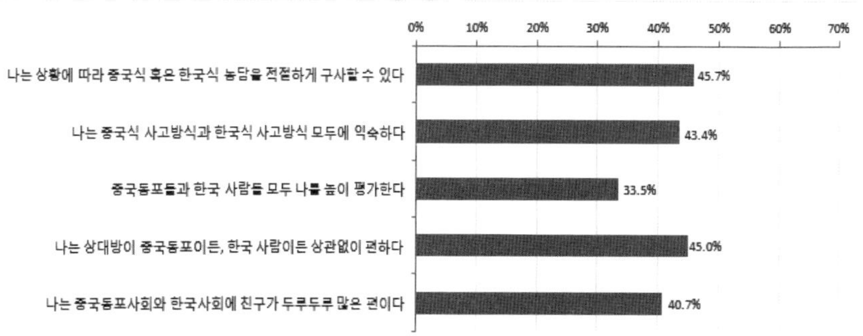

*주. 중국동포이주민의 통합적 적응 정도를 묻는 각 항목에 대해 긍정적으로 답한(④ 그런 편임 ⑤ 매우 그러함) 사람들의 비율을 의미함.

〈그림 5-4〉 중국동포이주민의 통합적 적응 수준

루 많은 편이다" 등의 문항에 대해 응답자들은 5개 범주(① 전혀 그렇지 않음 ② 대체로 그렇지 않음 ③ 보통 ④ 그런 편임 ⑤ 매우 그러함)로 답하였다(〈그림 5-4〉).

첫 번째 문항인 '나는 상황에 따라 중국식 혹은 한국식 농담을 적절하게 구사할 수 있다'라는 질문에 대해서는 매우 그렇다는 응답이 18.3%, 그런 편이라는 응답이 27.4%, 보통이라는 응답은 41%로 나타났다. 대체로 그렇지 않다는 응답은 9.5%, 전혀 그렇지 않다는 응답은 3.8%였다. 인구사회학적 특성에 따른 차이를 살펴본 결과(〈표 5-4〉) 학력이 높을수록(χ^2=16.036, df=8, p<.05), 소득이 높을수록(χ^2=19.744, df=8, p<.05), 거주기간이 길수록(χ^2=20.263, df=8, p<.01)이 문항에 대한 긍정적 답변이 많았다.

'나는 중국식 사고방식과 한국식 사고방식 모두에 익숙하다'라는 질문에 대해서는 매우 그렇다는 응답이 18.4%, 그런 편이라는 응답이 25%, 보통이라는 응답은 43%로 나타났다. 대체로 그렇지 않다

〈표 5-4〉 국내거주 중국동포이주민들의 통합적 적응전략

	전혀 그렇지 않음	대체로 그렇지 않음	보통	그런 편임	매우 그러함	합계
성별						
남	0 .0%	6 2.9%	84 40.0%	85 40.5%	35 16.7%	210 100%
여	0 .0%	13 4.7%	85 30.5%	132 47.3%	49 17.6%	279 100%
연령						
20대 이하	0 .0%	5 5.6%	36 40.0%	35 38.9%	14 15.6%	90 100%
30대	0 .0%	4 3.2%	42 33.9%	62 50.0%	16 12.9%	124 100%
40대	0 .0%	4 3.5%	29 25.7%	51 45.1%	29 25.7%	113 100%
50대	0 .0%	5 4.5%	35 31.8%	51 46.4%	19 17.3%	110 100%
60대 이상	0 .0%	1 1.9%	27 51.9%	18 34.6%	6 11.5%	52 100%
학력						
고졸미만	0 .0%	4 4.5%	42 47.7%	28 31.8%	14 15.9%	88 100%
고졸	0 .0%	11 4.5%	87 35.2%	112 45.3%	37 15.0%	247 100%
대재이상	0 .0%	4 2.6%	40 26.1%	77 50.3%	32 20.9%	153 100%
소득						
저	0 .0%	9 6.9%	43 32.8%	61 46.6%	18 13.7%	131 100%
중	0 .0%	6 4.3%	53 38.1%	63 45.3%	17 12.2%	139 100%
고	0 .0%	2 1.4%	46 32.2%	63 44.1%	32 22.4%	143 100%
거주기간						
5년 미만	0 .0%	12 7.2%	70 42.2%	63 38.0%	21 12.7%	166 100%
5~10년	0 .0%	4 2.4%	56 33.9%	78 47.3%	27 16.4%	165 100%
10년 이상	0 .0%	3 2.2%	35 25.4%	66 47.8%	34 24.6%	138 100%
거주지역						
밀집	0 .0%	14 5.2%	96 35.7%	118 43.9%	41 15.2%	269 100%
비밀집	0 .0%	5 2.3%	73 33.2%	99 45.0%	43 19.5%	220 100%

*주. 소득의 경우 저(~140만원), 중(141~170만원), 고(171만원~)의 세 집단으로 분류함
밀집지역은 구로구 · 금천구 · 영등포구 거주자를, 비밀집지역은 이외 지역 거주자를 의미함

는 응답은 23.6%, 전혀 그렇지 않다는 응답은 13%였다. 인구사회학적 특성 중 연령($\chi^2=28.893$, $df=16$, $p<.05$), 학력($\chi^2=16.571$, $df=8$, $p<.05$), 소득($\chi^2=21.284$, $df=8$, $p<.01$), 거주기간($\chi^2=32.930$, $df=8$, $p<.001$)에 따라 차이가 발견되었다. 구체적으로는 연령의 경우 30대~50대 사람들, 학력이 높은 사람들, 소득이 높은 사람들, 거주기간이 긴 사람일수록 이 질문에 대해 긍정적으로 답했다.

'중국동포들과 한국 사람들 모두 나를 높이 평가한다'는 질문에 대해서는 매우 그렇다는 응답이 10.6%, 그런 편이라는 응답이 22.9%, 보통이라는 응답은 52%로 나타났다. 대체로 그렇지 않다는 응답은 12.7%, 전혀 그렇지 않다는 의견은 1.8%였다. 인구사회학적 특성에 따른 차이를 살펴본 결과 성별($\chi^2=10.486$, $df=4$, $p<.05$), 연령($\chi^2=34.045$, $df=16$, $p<.01$), 학력($\chi^2=30.902$, $df=8$, $p<.001$), 거주기간($\chi^2=22.961$, $df=8$, $p<.01$), 거주지역($\chi^2=14.357$, $df=4$, $p<.01$)에 따른 차이가 발견되었다. 구체적으로는 여성들과 30~50대의 사람들, 학력이 높을수록, 거주기간이 길수록, 비밀집지역에 사는 사람일수록 이 질문에 대한 긍정적인 답변이 많았다.

'나는 상대방이 중국동포이든, 한국 사람이든 상관없이 편하다'라는 질문에 대해서는 매우 그렇다는 응답이 15.4%, 그런 편이라는 응답이 29.5%, 보통이라는 응답은 41.6%로 나타났다. 대체로 그렇지 않다는 응답은 10.7%, 전혀 그렇지 않다는 응답은 2.8%였다. 인구사회학적 특성 중 연령($\chi^2=30.443$, $df=16$, $p<.05$), 거주기간($\chi^2=17.461$, $df=8$, $p<.05$)에 따른 차이가 있는 것으로 나타났다. 구체적으로는 30~50대 사람들, 거주기간이 긴 사람들이 이 질문에 대해 긍정적으로 답했다.

'나는 중국동포 사회와 한국 사회에 친구가 두루두루 많은 편이다'

라는 질문에 대해서는 매우 그렇다는 응답이 16.1%, 그런 편이라는 응답이 24.6%, 보통이라는 응답은 42.9%로 나타났다. 대체로 그렇지 않다는 응답은 14.3%, 전혀 그렇지 않다는 의견은 2.2%이었다. 인구사회학적 특성 중 연령(χ^2=26.341, df=16, p<.05), 소득(χ^2=20.943, df=8, p<.01), 거주기간(χ^2=26.414, df=8, p<.01)에 따라 차이가 있는 것으로 나타났다. 구체적으로는 30~50대 사람들, 소득이 높은 사람들, 거주기간이 긴 사람들이 이 질문에 대해 긍정적으로 답하는 경향을 보였다.

국내거주 중국동포들의 통합적 적응 수준을 보여주는 5개 문항의 평균값을 토대로 인구사회학적 특성에 따른 차이를 살펴보았다. 그 결과 인구사회학적 특성에 따라 응답자들의 통합적 적응 수준은 조금씩 차이를 보였다. 구체적으로 학력이 높을수록(χ^2=14.927, df=6, p<.05), 거주기간이 길수록(χ^2=21.235, df=6, p<.05) 통합적 적응 수준에서 차이가 나타났다.

2.3. 동화적 적응전략

국내거주 중국동포들의 한국 사회 적응 전략 중 동화적 적응 전략은 총 7개의 문항으로 측정하였다. 각 문항은 5개의 범주(① 전혀 그렇지 않음 ② 대체로 그렇지 않음 ③ 보통 ④ 그런 편임 ⑤ 매우 그러함)로 물어보았으며, 문항별 응답현황은 〈그림 5-5〉와 같다.

첫 번째 문항 '나는 한국에서 쓰는 용어나 외래어에 익숙하다'라는 질문에 대해 매우 그렇다는 응답이 11.7%, 그런 편이라는 응답이 29.6%, 보통이라는 응답은 35.6%로 나타났다. 대체로 그렇지 않다는 응답은 15.4%, 전혀 그렇지 않다는 의견은 7.7%였다. 이는 인구

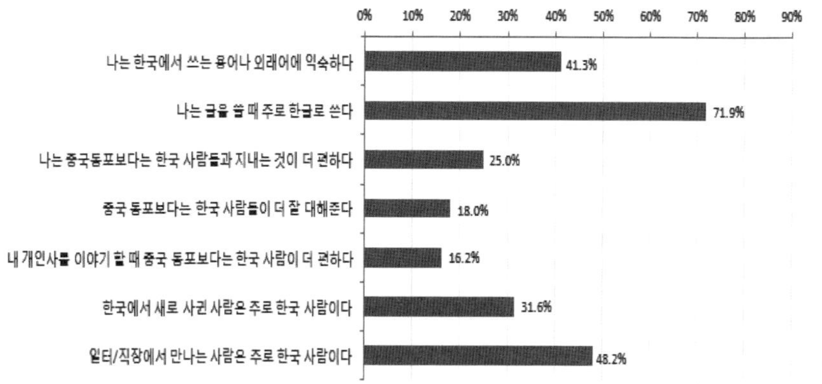

*주. 중국동포이주민의 동화적 적응 수준을 묻는 각 항목에 대해 긍정적으로 답한(④ 그런 편임 ⑤ 매우 그러함) 사람들의 비율을 의미함

〈그림 5-5〉 중국동포이주민의 동화적 적응 수준

사회학적 특성 중 성별(χ^2=15.161, df=4, p<.01), 연령(χ^2=48.000, df=16, p<.001), 학력(χ^2=37.533, df=8, p<.001), 거주기간(χ^2=16.069, df=8, p<.05)에 따라 유의미한 차이를 보였다. 구체적으로는 여성들과 30~50대 사람들, 학력이 높은 사람들, 거주기간이 긴 사람들이 이 질문에 긍정적으로 답하는 경향을 보였다(〈표 5-5〉).

'나는 글을 쓸 때 주로 한글로 쓴다'라는 질문에 대해 매우 그렇다는 응답이 18.4%, 그런 편이라는 응답이 35.4%, 보통이라는 응답은 19.4%로 나타났다. 대체로 그렇지 않다는 응답은 6.3%, 전혀 그렇지 않다는 응답은 2.4%였다. 인구사회학적 특성 중 성별(χ^2=14.993, df=4, p<.01)과 거주기간(χ^2=26.498, df=8, p<.01), 거주지역(χ^2=13.452, df=4, p<.01)에 따라 유의미한 차이가 나타났다. 구체적으로는 여성, 거주기간이 긴 사람, 비밀집지역에 사는 사람들이 동화적 적응 수준을 묻는 이 질문에 긍정적으로 답하였다.

〈표 5-5〉 국내거주 중국동포들의 동화 적응전략

	전혀 그렇지 않음	대체로 그렇지 않음	보통	그런 편임	매우 그러함	합계
성별						
남	1 .5%	14 6.8%	100 48.3%	80 38.6%	12 5.8%	207 100%
여	0 .0%	14 4.9%	94 33.2%	143 50.5%	32 11.3%	283 100%
연령						
20대 이하	0 .0%	9 10.1%	44 49.4%	28 31.5%	8 9.0%	89 100%
30대	1 .8%	3 2.4%	43 35.0%	65 52.8%	11 8.9%	123 100%
40대	0 .0%	5 4.4%	35 30.7%	56 49.1%	18 15.8%	114 100%
50대	0 .0%	6 5.4%	42 37.5%	58 51.8%	6 5.4%	112 100%
60대 이상	0 .0%	5 9.6%	30 57.7%	16 30.8%	1 1.9%	52 100%
학력						
고졸 미만	0 .0%	10 11.0%	38 41.8%	40 44.0%	3 3.3%	91 100%
고졸	1 .4%	12 4.9%	103 42.2%	103 42.2%	25 10.2%	244 100%
대재 이상	0 .0%	6 3.9%	53 34.4%	79 51.3%	16 10.4%	154 100%
소득						
저	0 .0%	12 9.0%	49 36.6%	62 46.3%	11 8.2%	134 100%
중	0 .0%	6 4.4%	53 38.7%	66 48.2%	12 8.8%	137 100%
고	0 .0%	4 2.8%	60 42.0%	61 42.7%	18 12.6%	143 100%
거주 기간						
5년 미만	0 .0%	16 9.5%	77 45.8%	65 38.7%	10 6.0%	168 100%
5~10년	0 .0%	3 1.8%	65 39.4%	81 49.1%	16 9.7%	165 100%
10년 이상	0 .0%	8 5.8%	44 31.9%	68 49.3%	18 13.0%	138 100%
거주 지역						
밀집	1 .4%	20 7.4%	124 46.1%	109 40.5%	15 5.6%	269 100%
비밀집	0 .0%	8 3.6%	70 31.7%	114 51.6%	29 13.1%	221 100%

*주. 소득의 경우 저(~140만원), 중(141~170만원), 고(171만원~)의 세 집단으로 분류함.
밀집지역은 구로구 · 금천구 · 영등포구 거주자를, 비밀집지역은 이외 지역 거주자를 의미함.

'나는 중국동포보다는 한국 사람들과 지내는 것이 더 편하다'라는 질문의 경우 매우 그렇다는 응답이 9.9%, 그런 편이라는 응답이 15%, 보통이라는 응답은 45.9%로 나타났다. 대체로 그렇지 않다는 응답은 20.8%, 전혀 그렇지 않다는 응답은 8.3%였다. 인구사회학적 특성에 따른 차이를 살펴본 결과, 연령(χ^2=29.264, df=16, p<.05)과 거주지역(χ^2=10.972, df=4, p<.05)에 따라 차이가 있는 것이 확인되었다. 구체적으로는 30대~50대의 사람들, 비밀집지역에 사는 사람들이 이 질문에 보다 긍정적으로 답하는 경향을 보였다.

'중국 동포보다는 한국 사람들이 더 잘 대해준다'는 질문에 대해 매우 그렇다는 응답이 5.4%, 그런 편이라는 응답이 12.6%, 보통이라는 응답은 50.3%로 나타났다. 대체로 그렇지 않다는 응답은 24%, 전혀 그렇지 않다는 의견은 7.8%였다. 인구사회학적 특성 중에서는 연령(χ^2=30.679, df=16, p<.05)과 거주지역(χ^2=13.633, df=4, p<.01)에 따른 차이가 발견되었다. 구체적으로는 30~50대의 사람들, 비밀집지역에 사는 사람들이 이 질문에 긍정적인 답을 하는 것으로 나타났다.

'내 개인사를 이야기할 때 중국동포보다는 한국 사람이 더 편하다'는 질문에 대해서는 매우 그렇다는 응답이 4.6%, 그런 편이라는 응답이 11.6%, 보통이라는 응답은 39.7%로 나타났다. 대체로 그렇지 않다는 응답은 33.9%, 전혀 그렇지 않다는 응답은 10.2%였다. 인구사회학적 특성 중 연령(χ^2=35.009, df=16, p<.01)과 거주지역(χ^2=14.857, df=4, p<.01)에 따른 유의미한 차이가 확인되었으며 구체적으로는 30~50대의 사람들, 비밀집지역에 사는 사람들이 이 질문에 긍정적으로 답했다.

'한국에서 새로 사귄 사람은 주로 한국 사람이다'라는 질문의 경우 매우 그렇다는 응답이 12.7%, 그런 편이라는 응답이 18.9%, 보통이라는 응답은 31.8%로 나타났다. 대체로 그렇지 않다는 응답은 26.2%, 전혀 그렇지 않다는 응답은 10.3%였다. 인구사회학적 특성에 따른 차이를 살펴본 결과 성별(χ^2=14.595, df=4, p<.01), 연령(χ^2=33.857, df=16, p<.01), 학력(χ^2=29.094, df=8, p<.001), 거주기간(χ^2=16.083, df=8, p<.05), 거주지역(χ^2=31.136, df=4, p<.001)에 따라 차이가 있는 것으로 나타났다. 구체적으로는 여성들과 30대~50대의 사람들, 학력이 높고 거주기간이 5~10년 정도인 사람들, 비밀집지역에 사는 사람들이 이 질문에 긍정적인 답변을 하는 경향이 보였다.

'일터/직장에서 만나는 사람은 주로 한국 사람이다'라는 질문에 대해 매우 그렇다는 응답이 20%, 그런 편이라는 응답이 28.2%, 보통이라는 응답은 29.4%로 나타났다. 대체로 그렇지 않다는 응답은 14.1%, 전혀 그렇지 않다는 응답은 8.3%였다. 인구사회학적 특성에 따른 차이를 살펴본 결과 성별에 따른 차이는 없었으나 연령(χ^2=33.798, df=16, p<.01)과 거주지역(χ^2=17.001, df=4, p<.01)에 따른 차이가 발견되었다. 30~50대의 사람들과 비밀집지역에 사는 사람들이 동화적 적응 수준을 묻는 이 질문에 긍정적으로 답하는 경향을 보였다.

국내 거주 중국동포들의 동화 적응전략을 살펴보기 위해 7개 문항의 평균값을 토대로 분석한 결과, 인구사회학적 특성에 따라 조금씩 차이를 보였다. 성별(χ^2=16.688, df=4, p<05). 연령(χ^2=39.117, df=16, p<.001), 거주기간(χ^2=19.085, df=6, p<.05) 거주지역(χ^2=21.242, df=4, p<.001)에 따라 동화 적응전략에 차이를 보이는 것으로 나타났다. 구체적으로는 여성들과 30~50대의 사람들, 거주기간이 긴 사람들, 비밀집지역에 사는 사람들이 동화전략을 사용했다.

2.4. 분리적 적응전략

국내거주 중국동포들의 한국 사회 적응 전략 중 분리적 적응적략은 총 6개의 문항으로 측정하였다. “나는 한국가요보다는 중국에서 듣던 음악이 더 좋다”, “나의 가장 가까운 친구는 중국동포다”, “나는 중국동포들이 많은 모임을 선호한다”, “한국 사람보다는 중국동포들이 나를 선입견 없이 대해 준다”, “나는 한국 사람보다는 중국동포들과 있을 때 더 편하다”, “내 결혼 상대 혹은 내 아들/딸들의 결혼상대는 중국동포였으면 좋겠다” 등의 문항에 대해 응답자들은 5점 척도(① 전혀 그렇지 않음 ② 대체로 그렇지 않음 ③ 보통 ④ 그런 편임 ⑤ 매우 그러함)로 답하였다(〈그림 5-6〉).

첫 번째 문항 ‘나는 한국가요보다는 중국에서 듣던 음악이 더 좋다’는 질문에 대해서는 매우 그렇다는 응답이 5.8%, 그런 편이라는 응답이 10.8%, 보통이라는 응답은 35.7%로 나타났다. 대체로 그렇

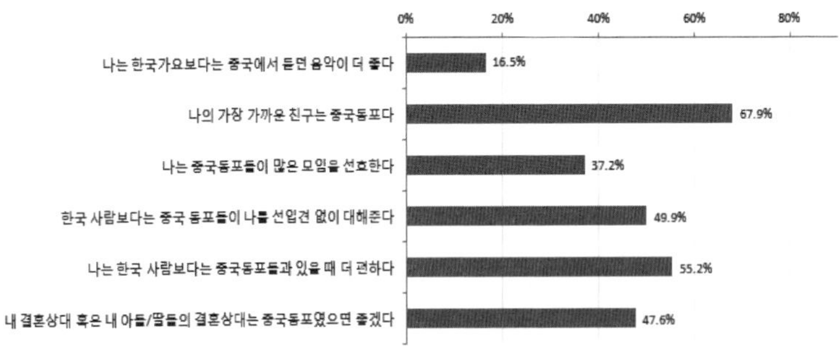

*주. 위 비율은 중국동포이주민의 분리적 적응 수준을 묻는 각 항목에 대해 긍정적으로 답한(④ 그런 편임 ⑤ 매우 그러함) 사람들의 비율을 의미함.

〈그림 5-6〉 중국동포이주민의 분리적 적응 수준

지 않다는 응답은 27.9%, 전혀 그렇지 않다는 의견은 19.9%였다. 이는 인구사회학적 특성에 따라 조금씩 차이를 보였는데(〈표 5-6〉) 구체적으로 학력(χ^2=17.631, df=8, p<.05)과 거주기간(χ^2=18.876, df=8, p<.05)에 따라 차이가 나타났다. 학력이 높을수록, 거주기간이 5년 미만인 사람들이 분리적 적응 수준을 묻는 이 질문에 긍정적으로 답하는 경향을 보였다.

'나의 가장 가까운 친구는 중국동포다'라는 질문에 대해 매우 그렇다는 응답이 37.8%, 그런 편이라는 응답이 30.1%, 보통이라는 응답은 22.1%로 나타났다. 대체로 그렇지 않다는 응답은 7.6%, 전혀 그렇지 않다는 응답은 2.4%였다. 인구사회학적 특성 중에서는 유일하게 연령(χ^2=26.667, df=16, p<.05)에 따른 차이가 발견되었다. 즉, 다른 연령집단보다 30대와 50대의 사람들이 이 질문에 긍정적으로 답한 비율이 높았다.

'나는 중국동포들이 많은 모임을 선호한다'라는 질문에 대해서는 매우 그렇다는 응답이 19.5%, 그런 편이라는 응답이 17.7%, 보통이라는 응답은 35.4%로 나타났다. 대체로 그렇지 않다는 응답은 19.7%, 전혀 그렇지 않다는 응답은 7.8%였다. 이는 인구사회학적 특성에 따라 조금씩 차이를 보였다. 구체적으로 연령(χ^2=32.428, df=16, p<.01), 학력(χ^2=15.801, df=8, p<.05), 거주기간(χ^2=25.952, df=8, p<.01), 거주지역(χ^2=11.655, df=4, p<.05)에 따른 차이가 나타났다. 연령이 높은 사람들과, 학력이 낮은 사람들이 해당 질문에 '매우 그러함'으로 응답한 비율이 높았으며, 거주기간이 길고 밀집지역에 사는 사람들이 이 질문에 긍정적으로 답하는 경향을 보였다.

'한국 사람보다는 중국 동포들이 나를 선입견 없이 대해 준다'라는 질문에 대해 매우 그렇다는 응답이 23.7%, 그런 편이라는 응답이

〈표 5-6〉 국내 거주 중국동포들의 분리적 적응전략

	전혀 그렇지 않음	대체로 그렇지 않음	보통	그런 편임	매우 그러함	합계
성별						
남	0 .0%	3 1.4%	60 28.8%	102 49.0%	43 20.7%	208 100%
여	2 .7%	9 3.2%	100 35.2%	123 43.3%	50 17.6%	284 100%
연령						
20대 이하	0 .0%	0 .0%	31 34.1%	44 48.4%	16 17.6%	91 100%
30대	1 .8%	5 4.0%	45 35.7%	57 45.2%	18 14.3%	126 100%
40대	1 .9%	2 1.8%	43 37.7%	51 44.7%	17 14.9%	114 100%
50대	0 .0%	4 3.7%	30 27.5%	53 48.6%	22 20.2%	109 100%
60대 이상	0 .0%	1 1.9%	11 21.2%	20 38.5%	20 38.5%	52 100%
학력						
고졸미만	0 .0%	2 2.3%	30 34.5%	32 36.8%	23 26.4%	87 100%
고졸	1 .4%	8 3.2%	86 34.3%	114 45.4%	42 16.7%	251 100%
대재이상	1 .7%	2 1.3%	44 28.8%	79 51.6%	27 17.6%	153 100%
소득						
저	1 .8%	4 3.1%	48 36.6%	45 34.4%	33 25.2%	131 100%
중	0 .0%	3 2.1%	47 33.6%	68 48.6%	22 15.7%	140 100%
고	1 .7%	2 1.4%	45 31.0%	79 54.5%	18 12.4%	145 100%
거주기간						
5년 미만	0 .0%	4 2.4%	51 30.4%	80 47.6%	33 19.6%	168 100%
5~10년	1 .6%	5 3.0%	70 42.2%	64 38.6%	26 15.7%	166 100%
10년 이상	1 .7%	3 2.2%	33 23.9%	73 52.9%	28 20.3%	138 100%
거주지역						
밀집	1 .4%	0 .0%	86 31.6%	125 46.0%	60 22.1%	272 100%
비밀집	1 .5%	12 5.5%	74 33.6%	100 45.5%	33 15.0%	220 100%

*주. 소득의 경우 저(~140만원), 중(141~170만원), 고(171만원~)의 세 집단으로 분류함.
밀집지역은 구로구 · 금천구 · 영등포구 거주자를, 비밀집지역은 이외 지역 거주자를 의미함.

26.2%, 보통이라는 응답은 35.4%로 나타났다. 대체로 그렇지 않다는 응답은 10.1%, 전혀 그렇지 않다는 응답은 4.6%였다. 인구사회학적 특성에 따른 차이는 발견되지 않았다.

'나는 한국 사람보다는 중국동포들과 있을 때 더 편하다'라는 질문의 경우 매우 그렇다는 응답이 24%, 그런 편이라는 응답이 31.2%, 보통이라는 응답은 33.3%로 나타났다. 대체로 그렇지 않다는 응답은 8.9%, 전혀 그렇지 않다는 응답은 2.6%였다. 인구사회학적 특성에 따른 차이를 살펴보면 구체적으로 연령(χ^2=31.366, df=16, p<.05)과 거주지역(χ^2=24.535, df=4, p<.001)에 따른 차이가 발견되었다. 연령의 경우에는 50대의 사람들이 해당 질문에 '그런 편임'으로 응답한 비율이 높았고, 60대 이상과 밀집지역에 사는 사람들은 '매우 그러함' 등 긍정적으로 답하였다.

'내 결혼상대 혹은 내 아들/딸들의 결혼상대는 중국동포였으면 좋겠다'라는 질문에 대해 매우 그렇다는 응답이 30.6%, 그런 편이라는 응답이 17.1%, 보통이라는 응답은 31.3%로 나타났다. 대체로 그렇지 않다는 응답은 13.7%, 전혀 그렇지 않다는 응답은 7.3%이었다. 인구사회학적 특성 중 연령(χ^2=43.617, df=16, p<.001)에 따른 차이가 발견되었는데, 연령이 높을수록 이 질문에 긍정적으로 응답한 비율이 높았다.

국내 거주 중국동포들의 분리적 적응전략을 살펴보기 위해 앞의 6개 문항의 평균값을 구했고 이를 토대로 인구사회학적 특성별 차이를 검토하였다. 구체적으로 소득(χ^2=15.675, df=8, p<.05)과 거주지역(χ^2=18.224, df=4, p<.001)에 따라 분리적 적응전략에 차이가 있는 것으로 나타났는데, 소득이 낮을수록, 밀집지역에 사는 사람들일수록 분리적 적응 수준이 높은 것으로 나타났다.

2.5. 주변화 적응전략

국내거주 중국동포들의 한국 사회 적응 전략 중 주변화 적응 수준은 총 6개의 문항으로 측정하였다. "나는 한국 사회에서도, 중국동포 사회에서도 잘 적응하지 못하는 것 같다", "나는 중국인도 아니고 한국인도 아닌 듯하다", "한국에 살면서 '나를 제대로 이해하는 사람은 아무도 없구나' 하는 생각을 한다", "나는 사람들과의 의사소통에 어려움을 느낀다", "중국동포사회에서도, 한국사회에서도 나를 반겨주는 곳은 없는 것 같다", "한국 사람이나 중국동포 모두 신뢰하기 어렵다" 등의 문항들에 대해 응답자들은 5점 척도(① 전혀 그렇지 않음 ② 대체로 그렇지 않음 ③ 보통 ④ 그런 편임 ⑤ 매우 그러함)로 답하였다(〈그림 5-7〉).

첫 번째 문항 '나는 한국 사회에서도, 중국동포사회에서도 잘 적응하지 못하는 것 같다'라는 질문에 대해 매우 그렇다는 응답이 2.4%,

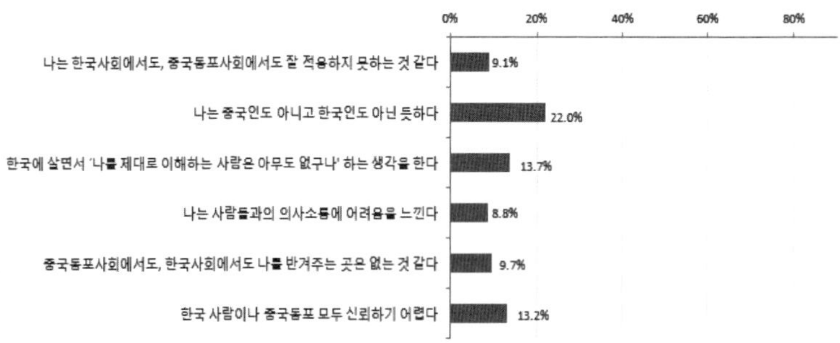

*주. 위 비율은 중국동포이주민의 주변화적 적응 수준을 묻는 각 항목에 대해 긍정적으로 답한(④그런 편임 ⑤매우 그러함) 사람들의 비율을 의미함.

〈그림 5-7〉 중국동포이주민의 주변화적 적응수준

〈표 5-7〉 국내 거주 중국동포들의 주변화 적응전략

	전혀 그렇지 않음	대체로 그렇지 않음	보통	그런 편임	매우 그러함	합계
성별						
남	14 6.7%	69 32.9%	99 47.1%	26 12.4%	2 1.0%	210 100%
여	25 8.8%	101 35.6%	120 42.3%	29 10.2%	9 3.2%	284 100%
연령						
20대 이하	5 5.6%	31 34.4%	43 47.8%	8 8.9%	3 3.3%	90 100%
30대	11 8.7%	47 37.0%	56 44.1%	9 7.1%	4 3.1%	127 100%
40대	11 9.8%	33 29.5%	51 45.5%	14 12.5%	3 2.7%	112 100%
50대	9 8.2%	47 42.7%	43 39.1%	11 10.0%	0 .0%	110 100%
60대 이상	3 5.5%	12 21.8%	26 47.3%	13 23.6%	1 1.8%	55 100%
학력						
고졸미만	3 3.3%	27 30.0%	44 48.9%	14 15.6%	2 2.2%	90 100%
고졸	21 8.4%	83 33.2%	113 45.2%	28 11.2%	5 2.0%	250 100%
대재이상	15 9.8%	60 39.2%	62 40.5%	12 7.8%	4 2.6%	153 100%
소득						
저	9 6.9%	43 32.8%	59 45.0%	15 11.5%	5 3.8%	131 100%
중	11 7.9%	43 30.9%	69 49.6%	15 10.8%	1 .7%	139 100%
고	14 9.7%	55 37.9%	60 41.4%	13 9.0%	3 2.1%	145 100%
거주기간						
5년 미만	13 7.8%	57 34.1%	71 42.5%	21 12.6%	5 3.0%	167 100%
5~10년	9 5.4%	60 36.1%	81 48.8%	13 7.8%	3 1.8%	166 100%
10년 이상	15 10.6%	51 35.9%	54 38.0%	19 13.4%	3 2.1%	142 100%
거주지역						
밀집	11 4.0%	94 34.6%	125 46.0%	36 13.2%	6 2.2%	272 100%
비밀집	28 12.6%	76 34.2%	94 42.3%	19 8.6%	5 2.3%	222 100%

*주. 소득의 경우 저(~140만원), 중(141~170만원), 고(171만원~)의 세 집단으로 분류함.
밀집지역은 구로구 · 금천구 · 영등포구 거주자를, 비밀집지역은 이외 지역 거주자를 의미함.

그런 편이라는 응답이 6.7%, 보통이라는 응답은 28.5%로 나타났다. 대체로 그렇지 않다는 응답은 33.5%, 전혀 그렇지 않다는 응답은 28.9%였다. 인구사회학적 특성에 따른 차이를 살펴본 결과(〈표 5-7〉) 거주지역(χ^2=14.265, df=4, $p<.01$)에서 유일한 차이가 발견되었는데, 밀집지역에 사는 사람들이 이 질문에 긍정적으로 응답하는 것으로 나타났다.

'나는 중국인도 아니고 한국인도 아닌 듯하다'라는 질문에 대해 매우 그렇다는 응답이 7.5%, 그런 편이라는 응답이 14.5%, 보통이라는 응답은 29.1%로 나타났다. 대체로 그렇지 않다는 응답은 22%, 전혀 그렇지 않다는 응답은 26.9%였다. 인구사회학적 특성에 따른 차이를 살펴보면 거주기간(χ^2=17.393, df=8, $p<.05$)과 거주지역(χ^2=10.258, df=4, $p<.05$)에 따라 유의미한 차이가 있는 것으로 나타났다. 거주기간이 길고, 밀집지역에 사는 사람들이 해당 질문에 그렇다고 응답한 비율이 높았다.

'한국에 살면서 '나를 제대로 이해하는 사람은 아무도 없구나'하는 생각이 든다'라는 질문에 대해 매우 그렇다는 응답이 5.0%, 그런 편이라는 응답이 8.8%, 보통이라는 응답은 28.7%, 대체로 그렇지 않다는 응답은 28.7%, 전혀 그렇지 않다는 응답은 28.9%이었다. 인구사회학적 특성 중에서는 유일하게 거주지역(χ^2=10.251, df=4, $p<.05$)에 따른 차이가 발견되었다. 해당 질문에 그렇다고 응답한 사람은 비밀집지역에 사는 사람의 비율이 높았던 반면, 매우 그렇다고 응답한 사람은 밀집지역에 사는 사람이 많았다.

'나는 사람들과의 의사소통에 어려움을 느낀다'는 질문에 대해서는 매우 그렇다는 응답이 3.8%, 그런 편이라는 응답이 5%, 보통이라는 응답은 25.7%, 대체로 그렇지 않다는 응답은 29.3%, 전혀 그렇지 않다는 응답은 36.3%이었다. 이는 인구사회학적 특성에 따라 몇 가지 유의미한 차이를 보였다. 구체적으로는 소득(χ^2=23.861, df=8, p<.01)과 거주기간(χ^2=16.103, df=8, p<.05)에 따른 차이가 나타났다. 소득 수준이 낮고, 거주기간이 짧은 사람들이 그렇다고 응답한 비율이 높았다.

'중국동포사회에서도, 한국 사회에서도 나를 반겨주는 곳은 없는 것 같다'라는 질문에 대해서는 매우 그렇다는 응답이 2.4%, 그런 편이라는 응답이 7.4%, 보통이라는 응답은 22.1%로, 대체로 그렇지 않다는 응답은 27.1%, 전혀 그렇지 않다는 의견은 41%로 나타났다. 인구사회학적 특성 중에서는 거주지역(χ^2=9.908, df=4, p<.05)에 따른 차이가 발견되었다. 구체적으로는 비밀집지역에 사는 사람들이 해당 질문에 전혀 그렇지 않다고 응답한 비율이 높았다.

'한국 사람이나 중국동포 모두 신뢰하기 어렵다'는 질문에 대해서는 매우 그렇다는 응답이 5.5%, 그런 편이라는 응답이 7.7%, 보통이라는 응답은 37.9%, 대체로 그렇지 않다는 응답은 25.1%, 전혀 그렇지 않다는 응답은 23.7%였다. 인구사회학적 특성 중에서는 학력(χ^2=20.915, df=8, p<.01)에서 차이가 나타났다. 구체적으로는 학력이 높을수록 해당 질문에 그렇지 않다고 응답한 비율이 높았다.

위의 항목들의 평균값을 토대로 국내 거주 중국동포들의 주변화 적응 수준을 살펴본 결과 인구사회학적 특성 중에서는 유일하게 거주지역(χ^2=14.134, df=4, p<.05)에 따라 주변화 적응수준이 달라질 수 있음을 확인하였다. 구체적으로는 밀집지역에 사는 사람들의 주변화 적응수준이 높은 편이었다.

제6장

한국민과 중국동포이주민의 스마트폰 및 SNS 이용 격차

제6장 한국민과 중국동포이주민의 스마트폰 및 SNS 이용 격차

1. 한국민과 중국동포이주민의 스마트폰 의존도와 SNS 의존도 비교

중국동포이주민의 소셜미디어 격차 현황을 살펴보기 위해 먼저 한국민과의 비교를 시도하였다. 이를 위해 비슷한 시기에 이루어진 한국민 대상 설문조사 데이터를 2차 자료로 활용하였다. 이 조사는 서울·경기(분당, 일산) 지역에 거주하는 1,565명(19~59세)을 대상으로 2012년 8월부터 10월까지 진행된 면대면 설문조사 데이터로서 이 책에서는 서울 지역 거주자들(1,426명)의 응답을 분석에 활용하였다.

우선 스마트폰과 SNS의 이용이 한국민 이용자들과 중국동포이주민들에게 어떤 의미를 가지며, 이용자들은 어떤 목적과 상황에서 스마트폰과 SNS를 이용하는지를 비교하였으며, 미디어체계의존이론에서 제시한 미디어 의존 정도 문항을 활용했다. 한국민 대상 설문조사와 중국동포이주민 대상 설문조사에 포함된 스마트폰과 SNS 의존도 문항들은 미디어체계이론에서 제시한 18개 문항에 기존 연구에서

〈표 6-1〉 한국민과 중국동포이주민의 스마트폰 의존도 평가항목별 평균, 표준편차, 신뢰도

구분		항목	평균(SD)	크론바흐알파
개인적 차원	이해추구	내가 한 행동에 대해 돌아보고 싶을 때	3.21(.89) 2.86(1.29)	.714(한) .691(중)
		미래의 나의 삶에 대해 생각해 보고자 할 때	3.20(.90) 3.14(1.27)	
		나와 같은 문제나 상황에 있을 때 다른 사람들은 어떻게 대처했는지 알고자 할 때	3.45(.84) 3.35(1.20)	
	방향설정	특정 서비스를 어디서 받을지 결정하고자 할 때	.35(.91) 3.43(1.26)	.770(한) .806(중)
		상품 구매에 대한 정보를 얻고자 할 때	3.55(.87) 3.39(1.22)	
		저녁시간이나 주말 여가를 위해 무엇을 해야 할지 계획을 세우고 싶을 때	3.35(.91) 3.30(1.31)	
	재미추구	피곤한 하루를 보내고 나서 편히 쉬고 싶을 때	3.13(96) 3.24(1.38)	.684(한) .745(중)
		혼자 조용히 쉬고 싶을 때	3.09(1.00) 3.05(1.42)	
		혼자 있을 때 뭔가 할 일을 찾고자 할 때	3.52(.88) 3.42(1.28)	
상호 작용적 차원	이해추구	세상 돌아가는 소식을 알고자 할 때	3.78(.82) 3.43(1.23)	.697(한) .784(중)
		요즘 우리나라의 주요 현안이 무엇인지 알고 싶을 때	3.58(.86) 3.63(1.30)	
		외국에서 벌어지고 있는 일이나 사건에 대한 정보를 얻기 위해	3.55(.90) 3.58(1.27)	
	방향설정	다른 사람들과 잘 소통할 수 있는 방법을 알고자 할 때	3.61(.82) 3.56(1.25)	.737(한) .785(중)
		다른 사람들에게 어떻게 처신하는 게 좋은지 알려고 할 때	3.40(.84) 3.07(1.20)	
		아주 중요한 만남에서 상대방을 어떻게 대해야 할지 미리 알고 준비하기 위해	3.34(.85) 3.17(1.31)	
	재미추구	친구들과 함께 할 수 있는 것을 알고 싶을 때	3.55(.90) 3.58(1.27)	.639(한) .676(중)
		가족들이나 친구들과 재미있는 시간을 보내고자 할 때	3.42(.86) 3.13(1.19)	
		직접이벤트 현장에 있지 않더라고 그것을 즐기기 위해	3.38(.88) 3.25(1.30)	
자기표현추구		생각이나 감정을 다른 사람들과 나누고자 할 때	3.34(.85) 3.17(1.31)	.725(한) .770(중)
		내가 알고 있는 것을 다른 사람들도 알게 하고 싶을 때	3.35(.91) 3.30(1.31)	
		내가 어떤 사람인지를 다른 사람에게 표현하고자 할 때	3.52(.88) 3.42(1.28)	

개발된 자기표현 관련 3개 문항까지 총 21개 문항이었다(Jung, 2012; 김용찬 · 신인영, 2013; Kims & Jung, 2017; Kim et al., 2019). 두 설문조사의 응답자들은 각 문항이 제시한 상황에서 스마트폰 혹은 SNS가 유용하다고 느끼는 정도를 5점 척도(① 전혀 유용하지 않다~ ⑤ 매우 유용하다)로 답하였다. 두 집단의 측정항목별 평균, 표준편차, 신뢰도는 〈표 6-1〉과 〈표 6-3〉에 제시하였다.

개인적 차원과 상호작용적 차원에서의 이해추구, 방향설정, 재미추구, 자기 표현추구 등 총 7가지 차원으로 나누어 한국민과 중국동포이주민들의 스마트폰 의존도를 비교하였다. 스마트폰 의존도는 이용자가 자신의 삶을 유지하기 위해 필요한 기본적인 목적들을 달성하는 데에 스마트폰을 얼마나 중요한 도구로 인식하고 있는지를 가리킨다. 한국민과 중국동포이주민들은 개인적 차원의 이해추구 목적에서 통계적으로 유의미한 차이를 보였다(〈표 6-2〉). 한국인들은 중국동포이주민들에 비해 개인적 이해 추구 목적으로 스마트폰에 의존하는 정도가 높았다. 또한 한국인들은 상호작용적 방향설정 차원과 상호작용적

〈표 6-2〉 한국민과 중국동포이주민의 스마트폰 의존도의 t-test 분석

구분		한국인		중국동포이주민		t	df	sig
		M	SD	M	SD			
개인적 차원	이해추구	3.28	.70	3.13	.98	2.83	415.3	.005
	방향설정	3.46	.71	3.39	1.07	1.14	398.6	.255
	재미추구	3.25	.77	3.24	1.15	.068	403.6	.946
상호 작용적 차원	이해추구	3.63	.71	3.72	1.07	-1.44	408.5	.151
	방향설정	3.45	.67	3.27	1.05	3.06	399.2	.002
	재미추구	3.48	.67	3.32	.99	2.90	408.4	.004
자기표현추구		3.54	.69	3.36	.99	3.11	412.4	.002

〈표 6-3〉 한국민과 중국동포이주민의 SNS 의존도 평가항목별 평균, 표준편차, 신뢰도

구분		항목	평균(SD)	크론바흐알파
개인적 차원	이해추구	내가 한 행동에 대해 돌아보고 싶을 때	3.41(.74) 2.81(1.23)	.642(한) .591(중)
		미래의 나의 삶에 대해 생각해 보고자 할 때	3.35(.73) 3.34(3.68)	
		나와 같은 문제나 상황에 있을 때 다른 사람들은 어떻게 대처했는지 알고자 할 때	3.58(.73) 3.20(1.14)	
	방향설정	특정 서비스를 어디서 받을지 결정하고자 할 때	3.39(.78) 3.22(1.21)	.508(한) .727(중)
		상품 구매에 대한 정보를 얻고자 할 때	3.71(.75) 3.28(1.28)	
		저녁시간이나 주말 여가를 위해 무엇을 해야 할지 계획을 세우고 싶을 때	3.49(.77) 3.00(1.26)	
	재미추구	피곤한 하루를 보내고 나서 편히 쉬고 싶을 때	3.29(84) 3.00(1.31)	.630(한) .810(중)
		혼자 조용히 쉬고 싶을 때	3.17(.84) 2.94(1.39)	
		혼자 있을 때 뭔가 할 일을 찾고자 할 때	3.61(.76) 3.27(1.25)	
상호 작용적 차원	이해추구	세상 돌아가는 소식을 알고자 할 때	3.78(.72) 3.77(1.17)	.701(한) .801(중)
		요즘 우리나라의 주요 현안이 무엇인지 알고 싶을 때	3.57(.74) 3.60(1.15)	
		외국에서 벌어지고 있는 일이나 사건에 대한 정보를 얻기 위해	3.56(.90) 3.83(1.27)	
	방향설정	다른 사람들과 잘 소통할 수 있는 방법을 알고자 할 때	3.81(.67) 3.24(1.27)	.558(한) .826(중)
		다른 사람들에게 어떻게 처신하는 게 좋은지 알려고 할 때	3.54(.70) 3.03(1.15)	
		아주 중요한 만남에서 상대방을 어떻게 대해야 할지 미리 알고 준비하기 위해	3.53(.71) 3.06(1.17)	
	재미추구	친구들과 함께 할 수 있는 것을 알고 싶을 때	3.78(.65) 3.36(1.19)	.513(한) .690(중)
		가족들이나 친구들과 재미있는 시간을 보내고자 할 때	3.61(.77) 3.11(1.41)	
		직접 이벤트 현장에 있지 않더라도 그것을 즐기기 위해	3.54(.76) 3.23(1.30)	
자기표현추구		생각이나 감정을 다른 사람들과 나누고자 할 때	3.72(.67) 3.27(1.21)	.616(한) .824(중)
		내가 알고 있는 것을 다른 사람들도 알게 하고 싶을 때	3.82(.68) 3.33(1.22)	
		내가 어떤 사람인지를 다른 사람에게 표현하고자 할 때	3.63(.74) 3.22(1.22)	

〈표 6-4〉 한국민과 중국동포이주민의 SNS 의존도의 t-test 분석

구분		한국인		중국동포이주민		t	df	sig
		M	SD	M	SD			
개인적 차원	이해추구	3.45	.56	3.11	1.58	2.99	239.7	.003
	방향설정	3.53	.55	3.16	1.01	5.01	283.1	.000
	재미추구	3.36	.62	3.07	1.13	3.43	284.5	.001
상호 작용적 차원	이해추구	3.63	.59	3.74	1.86	-.821	240.5	.412
	방향설정	3.63	.51	3.10	1.04	7.05	266.9	.000
	재미추구	3.64	.52	3.23	1.02	5.60	275.9	.000
자기표현추구		3.72	.53	3.28	1.05	5.94	274.2	.000

재미추구 차원에서 스마트폰에 의존하는 정도가 중국동포이주민에 비해 컸으며, 자기표현의 목적에서 스마트폰에 더 많이 의존하고 있었다.

한편, SNS가 한국민과 중국동포이주민의 일상에서 갖는 중요도를 비교 분석한 결과 상호작용적 차원의 이해 추구 목적을 제외한 나머지 6개의 목적에서 한국민들의 SNS 의존도가 중국동포들보다 높았다(〈표 6-4〉). 개인적 차원의 이해추구, 방향설정, 재미추구 목적에서 한국민의 SNS 의존도가 중국동포이주민의 그것에 비해 통계적으로 유의미하게 높았다. 또한 한국민들은 중국동포이주민들에 비해 상호작용적 차원의 방향설정과 재미추구 목적, 그리고 자기표현 목적을 위해서도 SNS를 활발하게 이용하는 것으로 나타났다.

2. 중국동포이주민 내 소셜미디어 격차

2.1. 스마트폰 및 SNS 이용과 사회참여 격차

본 연구에서는 중국동포이주민들의 스마트폰과 SNS 이용 여부가 실제 사회 참여와 커뮤니티 단위의 집합적 효능감에 실제 차이를 가져오는지를 살펴보았다. 스마트폰 이용자와 비이용자 간 사회참여에 어떠한 차이가 존재하는지 비교 분석하기 위해 t-test를 실시하였다. 분석결과 지역사회 참여에서 스마트폰 이용자가 비이용자에 비해 높은 수준을 보였다(〈표 6-5〉). 마찬가지로 SNS 이용자는 SNS 비이용자에 비해 지역사회 참여가 더 활발한 것으로 나타났다(〈표 6-6〉). 반면 통계적으로 유의미한 수준은 아니었지만 스마트폰 이용자의 경우 비이용자에 비해 집합적 효능감은 떨어지는 것으로 나타났다(〈표 6-5〉). SNS 이용자의 집합적 효능감은 비이용자에 비해 높았으나 이 또한 통계적으로 유의미하지는 않았다(〈표 6-6〉).

2.2. 스마트폰 및 SNS 이용과 사회문화적 적응 격차

스마트폰이나 SNS를 이용하는 것이 이주민들의 적응 과정에서 과

〈표 6-5〉 스마트폰 이용과 지역사회 참여/집합적 효능감 격차

구분	이용자		비이용자		t	df	sig
	M	SD	M	SD			
지역사회 참여	1.94	1.52	1.65	1.30	2.14	502	.033
집합적 효능감	3.19	.99	3.21	1.01	-.267	494	.790

〈표 6-6〉 SNS 이용과 지역사회 참여/집합적 효능감 격차

구분	이용자		비이용자		t	df	sig
	M	SD	M	SD			
지역사회 참여	2.16	1.54	1.58	1.33	4.43	459.3	.000
집합적 효능감	3.24	.95	3.16	1.04	.79	492.8	.428

〈표 6-7〉 스마트폰 이용과 적응전략

구분	이용자		비이용자		t	df	sig
	M	SD	M	SD			
동화	3.18	.70	3.08	.75	1.38	488	.169
분리	3.35	.70	3.54	.80	-2.60	490	.007
통합	3.43	.77	3.34	.80	1.28	487	.200
주변화	2.26	.81	2.3	.84	-.52	492	.601

〈표 6-8〉 SNS 이용과 적응전략

구분	이용자		비이용자		t	df	sig
	M	SD	M	SD			
동화	3.17	.69	3.12	.74	.735	488	.431
분리	3.30	.66	3.49	.79	-2.94	490	.003
통합	3.45	.78	3.36	.77	1.25	487	.225
주변화	2.33	.78	2.23	.85	1.32	492	.189

연 차이를 야기하는지 살펴보기 위해 스마트폰과 SNS 이용 여부를 기준으로 집단 간 비교를 시도하였다. t-test 분석결과 스마트폰 이용자들은 비이용자들에 비해 동화적 적응과 통합적 적응의 경향이 높은 것으로 나타났으나 통계적으로 유의한 수준은 아니었다(〈표 6-7〉). 반면 스마트폰 비이용자들은 이용자들에 비해 분리적 적응과 주변화 적응의 경향이 상대적으로 높았고 이 중 분리적 적응 전략에서의 차이

는 통계적으로도 유의미했다.

SNS의 이용 여부에 따라 사회문화적 적응전략의 차이가 있는가를 살펴보기 위해 t-test를 실시한 결과, SNS 이용자가 비이용자에 비해 동화적 적응과 통합적 적응의 경향이 높았으며 주변화 적응의 경향도 상대적으로 높았다(〈표 6-8〉). 그러나 모두 통계적으로 유의한 수준은 아니었다. 반면 SNS 비이용자들은 이용자들에 비해 분리적 적응의 경향이 강했고 이는 통계적으로도 유의미했다.

제 7 장

요약 및 결론

제7장 요약 및 결론

1. 연구 결과의 요약

1.1. 전통적 미디어 이용 관련 결과

▶ 국내 거주 중국동포들 중에서 한국 신문을 조금이라도 읽는다는 사람들은 58%였다. 국내 신문을 읽는다는 사람들 중에서는 읽는 시간이 10분에서 30분 사이인 사람들이 가장 많았다. 연령이 높을수록, 학력과 소득이 높을수록 국내 일간 신문을 읽는 정도가 컸다.

▶ 전체 응답자 501명 중 국내 TV방송을 전혀 보지 않는다고 답한 사람은 20명(4.0%)에 불과했으나 1시간 이상이라고 응답한 사람은 332명(66.4%)이었다. 매일 3시간 이상 본다는 사람도 22.4%나 되었다. 국내 TV 시청에서는 인구사회학적 차이가 나타나지 않았다.

▶ 국내 거주 중국동포들의 국내 라디오방송 청취 정도를 살펴본 결과 전혀 안 듣는다는 응답자가 306명(60.5%), 듣는다는 응답자가 196명(39.5%)으로 나타났다. 연령별로 60대 이상과 40대에서 국

내 라디오 청취 정도가 높았다.

- 국내 거주 중국동포들 중에서 중국동포 대상 신문들을 읽는 사람들은 52.5% 정도인 것으로 나타났다. 연령이 높을수록, 국내 거주 기간이 길수록, 학력이 높을수록, 중국동포 밀집지역에 사는 사람일수록 중국동포 대상 신문을 읽는 정도가 컸다.
- 국내 거주 중국동포들 중 41.8%가 인터넷 등을 통해서 중국 TV를 시청하고 있었다. 20% 정도는 매일 평균 1시간 이상을 시청하고 있었다. 학력이 높을수록, 중국동포 밀집지역에 사는 사람일수록 중국 TV를 많이 시청하는 것으로 나타났다.
- 중국 동포들 중 17.5%는 인터넷 등을 통해서 중국 라디오를 청취하고 있다. 그 정도는 중국동포 밀집지역에 거주하는 사람들이 그렇지 않은 사람들보다 컸다.

1.2. 인터넷 이용 관련 결과

- 국내 거주 중국동포들 중 인터넷을 이용하는 사람들의 비율은 65.5% 정도인 것으로 나타났다. 인터넷을 이용하는 사람들 중에서는 인터넷을 하루 평균 3시간 이상 쓴다는 사람들이 가장 많았다. 연령이 낮을수록, 학력과 소득이 높을수록, 국내 거주 기간이 짧을수록 인터넷 사용 정도가 많았다.
- 중국동포들이 인터넷을 가지고 주로 하는 활동은 뉴스보기(인터넷 이용자의 76.9%), 이메일(69.0%), 채팅/메신저(68.6%), 생활정보 검색(66.0%), 음악듣기/다운로드(59.6%) 등인 것으로 나타났다. 한편 인터넷을 통해 SNS를 한다는 사람들은 인터넷 이용자들 중의 31.3%였고, 카페나 커뮤니티 활동을 하는 사람들은 인터넷 이용

자의 24.6%에 달했다.

▸ 중국동포이주민들의 인터넷에 대한 의존도 항목을 살펴보면 중국동포들은 "세상 돌아가는 소식을 알고자 할 때", "요즘 한국이나 중국의 주요 뉴스를 알고 싶을 때", "외국에서 벌어지는 일이나 사건에 대한 정보를 얻고자 할 때", "직장이나 아르바이트 자리를 구하고자 할 때", "이사할 동네나 주거지역을 찾아보고자 할 때" 등 주로 뉴스 획득과 실생활 정보 획득을 위해서 인터넷을 이용하는 것으로 나타났다.

▸ 인터넷에 대한 의존도는 연령이 낮을수록, 학력이 높을수록 높은 것으로 나타났다.

1.3. 스마트폰 이용 관련 결과

▸ 중국동포이주민들 중에서 스마트폰을 이용하는 사람들은 전체 응답자의 66.9%를 차지했다. 전체 응답자의 21.6%는 스마트폰을 하루 3시간 이상 쓴다고 답하였다. 연령이 낮을수록, 학력이 높을수록, 거주기간이 짧을수록 스마트폰을 많이 쓰는 것으로 나타났다.

▸ 중국동포들은 주로 스마트폰을 음성통화(95.0%), 문자메시지(89.1%), 날씨 정보(75.3%), 인터넷 접속(72.6%)의 용도로 쓰고 있었다. 음악(65.2%), 게임(64.2%), 뉴스보기(63.3%), 메신저(53.4%), 이메일(52.5%), 검색(52.2%), 일정관리(37.5%), 방송 시청(37.2%), SNS(35.6%), 내비게이션(32.5%), 건강(32.0%), 쇼핑(31.4%), 오락정보(24.9%), 교육서비스(22.6%), 전자책(22.3%), 금융(20.5%), 스포츠(18.5%) 순으로 그 뒤를 이었다.

▶ 응답자들 중 가장 많은 이들이 '세상 돌아가는 소식을 알고자 할 때'와 '요즘 한국이나 중국의 주요 뉴스를 알고 싶을 때', '외국에서 벌어지고 있는 일이나 사건에 대한 정보를 얻고자 할 때' 스마트폰이 유용하다고 평가하였다.

▶ 스마트폰에 대한 의존도는 연령이 낮을수록, 학력이 높을수록 높게 나타났다.

1.4. SNS 관련 결과

▶ 전체 응답들 중 43.6가 SNS를 사용하고 있다. 하루 10분에서 30분가량 사용한다고 답한 사람들이 가장 높은 비율을 보였다(전체 응답자의 12%).

▶ 연령대가 낮을수록, 학력이 높을수록 SNS를 이용하는 정도가 높아졌다.

▶ 중국동포이주민들이 가장 많이 사용하는 SNS 서비스는 QQ(21.9%), 페이스북(18.8%), 싸이월드(17.1%), 웨이보(13.2%) 등의 순이었다.

▶ SNS를 이용하는 중국동포이주민들이 SNS에서 많이 이용하는 서비스는 주로 정보검색(SNS 이용자들 중 66.4%)', '뉴스읽기'(62.8%), '사진 포스팅'(61.9%), '게임'(50.7%) 등의 순이었다.

▶ 그들은 주로 '세상 돌아가는 소식을 알고자', '요즘 한국이나 중국의 주요 뉴스를 알고자', '외국에서 벌어지고 있는 일이나 사건에 대한 정보를 얻고자' 등 뉴스 획득 관련 목적과 '내가 알고 있는 것을 다른 사람들도 알게 하고자'나 '내 생각이나 감정을 표현하고 다른 사람들의 생각을 알고자'와 같은 자기표현 목적에 대해서 SNS 의존도가 높았다.

▸ SNS 의존도는 학력이 높을수록, 한국 거주 기간이 짧을수록, 중국동포 밀집지역에 살수록 높았다.

1.5. 사회참여 관련 결과

▸ 중국동포이주민들 중 약 40.3%의 사람들이 지역사회 각종 행사에 참여한 경험이 있다고 답했다. 그 다음으로는 각종 자원봉사에의 참여 경험(24.2%), 직장 내 선거나 참여 단체 내 선거와 같이 각종 투표나 선거 참여 경험(21.0%) 등의 순이었다. 또한 중국동포 지역 사회나 단체에 기부한 경험자는 19.8%, 중국동포 사회의 권익 신장을 위한 활동이나 집회에 참여한 사람은 14.5%였다.

▸ 사회참여의 정도는 한국 사회 거주기간이 길수록, 중국동포 밀집지역에 살수록, 연령이 높을수록 그리고 학력이 높을수록 높게 나타났다.

▸ 중국동포이주민들은 중국 동포 커뮤니티에 다양한 문제가 생겼을 때 커뮤니티 구성원들이 어느 정도로 참여할 것인가(집합적 효능감의 비공식적 사회통제 차원)의 문제에서 대체적으로 참여하려는 사람들이 그렇지 않은 사람들보다 많을 것이라고 느끼고 있다.

▸ 한국 거주기간이 길수록 비공식적 사회통제 점수가 높게 나타났다.

▸ 중국동포이주민들이 중국동포 커뮤니티에 느끼는 사회적 응집에 대한 인식은 대체적으로 긍정적인 쪽에 가깝다. 특히 '중국동포들은 서로 도움을 주고 받으려 한다(긍정 55.6%)', '한국 내 중국동포들은 서로 친밀하다(54.5%)', '한국 내 중국동포들은 서로 잘 지내는 편이다(54.5)' 등에 대한 인식이 높았다. 반면 '중국동포들은 믿을 만하다(32.7%)'와 '한국 내 중국동포들의 가치관은 비슷비슷하

다(36.9%)'에 대한 인식은 상대적으로 낮았다.

▸ 여성들이 남성에 비해 사회적 응집에 대한 인식이 컸다.

1.6. 적응전략 관련 결과

▸ 베리가 제시한 4개의 적응 패턴(통합, 동화, 분리, 주변화) 중에서 중국동포들은 분리 적응의 모습을 보이는 사람들이 가장 많았다(48%). 그 뒤를 통합(41.5%), 동화(28.8%)가 이었고, 주변화 적응 경향을 보이는 사람들은 7.3%를 차지했다.

▸ 학력이 높을수록, 거주기간이 길수록 통합적 적응전략을 보일 가능성이 높았다. 여성들과 30대~50대의 사람들, 거주기간이 긴 사람들, 비밀집지역에 사는 사람들이 동화적 적응을 보이는 정도가 높았다. 소득이 낮을수록, 중국동포 밀집지역에 살수록 분리 전략을 택할 가능성이 높았다. 또한 밀집지역에 사는 것은 주변화 적응의 가능성도 높이는 것으로 나타났다.

1.7. 소셜미디어 격차 관련 결과

▸ 중국동포들과 한국사람들 사이에 스마트폰 의존도와 관련된 격차가 존재한다. 한국 사람들이 중국동포들에 비해서 높은 스마트폰 의존도를 보인다. 특히 개인적 이해 추구, 상호작용적 방향설정, 사회적 재미추구의 목적에서 한국 사람들이 중국동포들에 비해 높은 스마트폰 의존도를 보였다.

▸ 한국인과 중국동포 사이에는 SNS 의존도에서도 현격한 격차가 존재한다. 한국인들이 중국동포들보다 유의미하게 높은 SNS 의

존도를 보였다. 특히 상호작용적 이해추구 목적을 제외하고는 모든 SNS 이용 목적에서 한국 사람들이 중국동포이주민들보다 높은 의존도를 보였다.

- 스마트폰을 이용하는 중국동포이주민들이 이용하지 않는 동포들보다 지역 참여에 더욱 열심인 것으로 나타났다.
- SNS의 경우도 중국동포이주민들 중 SNS 이용자들이 비이용자들보다 지역 참여에 더 적극적인 것으로 나타났다.

2. 결론

본 연구에서는 스마트폰과 소셜미디어를 둘러싸고 나타나는 소셜미디어 격차가 중국동포들의 이주민 삶에서 어떻게 나타나는지를 총체적으로 살펴보았다. 이를 위해 중국동포들의 전통적 미디어 이용 현황, 뉴미디어 이용 현황, 사회적 참여 상황, 한국 사회에의 적응 정도 등을 소셜미디어 격차의 맥락으로 살펴보았다. 소셜미디어 격차는 단순히 이용-비이용에 그치지 않고 의존도라는 개념을 통해 이용자와 매체 간의 유기적인 관계를 측정하고자 했다.

중국동포이주민들은 한국 사회에 적응하기 위해서 다양한 매체와 자원들을 활용하려는 노력을 하고 있었다. 하지만 SNS와 스마트폰 활용에 있어서 한국 사람들보다 뒤떨어져 있다. 한국인들과 중국동포이주민들 사이 격차가 존재하는 것이다. 이러한 격차는 중국동포이주민들이 한국 사회에 온전히 적응하고, 생존·성장하는 데 방해 요소로 작용할 가능성이 높다. 특히 고연령층, 저학력층의 소셜미디어 격차 문제를 해결할 수 있는 방안들이 나와야 한다. SNS와 스마트폰 등의 새로운 매체를 사용하는 것은 중국동포들의 사회적 참여에 긍정적 영향을 미친다. 하지만 적응 과정(특히 통합적 과정)에 유의미한 영향을 끼치지는 못한다. 다만 이들 매체를 사용하는 사람들이 그렇지 않은 사람들보다 분리적 적응을 할 가능성이 낮은 것으로 나타났다. 즉 소셜미디어를 사용하지 않는 사람들은 한국에 와 있으면서도 한국 사회에 적응하지 못하고 여전히 고향에서의 관계에만 함몰되고 있을 가능성이 높다는 것이다. 스마트폰과 소셜미디어를 활용해서 중국동포들이 한국 사회에 생산적으로 적응하고, 고향 커뮤니티와 한국 사회 양쪽으로부터 필요한 자원들을 공급받을 수 있는 토대를 마련할 수 있도록 (즉 통합적 적응) 도와줄 수 있는 프로그램이 필요하다고 할 수 있다.

| 참고문헌 |

국내 문헌

김용찬, 손해영, 심홍린, 임지영(2012). 뉴미디어 이용과 환경통제감 인식, 「사이버커뮤니케이션학보」 29(2), 45-94.

김용찬 · 신인영 (2013). "'스마트폰 의존'이 전통적 미디어 이용과 전통적 커뮤니케이션 방식에 미치는 영향". 『한국방송학보』, 27(2). 115~156.

외국 문헌

Bandura, A. (1997). *Self-efficacy: The exercise of control.* New York: Freeman.

Barry. D. T. (2002). Development of a new scale for measuring acculturation; The East Asian Acculturation Measure(EAAM). *Journal of Immigrant Health,* 3(4), 193-197.

Berry, J. W. (1992). Acculturation and adaptation in a new society. *International Migration*, 30, 69-85.

Berry, J. W., & Kim, U. (1988). Acculturation and mental health. In P. R. Dasen, Berry, J. W., & Sartorious (eds.) *Health and cross-cultural psychology* (pp.207-236). New York: Academic Press.

Chircu, A. M., & Mahajan, V. (2009). Revisiting the Digital Divide: An Analysis of Mobile Technology Depth and Service Breadth in the BRIC Countries. *Journal of Product Innovation Management,* 26(4), 455-466.

Gudykunst, W. B. (1985). The influence of cultural similarity, type of relationship, and selfmonitoring on uncertainty reduction processes. *Communication Monographs*, 52, 203-217.

Gudykunst, W. B. (1995). Anxiety/uncertainty management (AUM) theory: Current status. In R. L. Wiseman (Ed.), *Intercultural communication theory* (pp. 8-58). Thousand Oaks, CA: Sage.

Gudykunst, W. B. (1998). Applying anxiety/uncertainty management (AUM) theory to intercultural adjustment training. *International Journal of Intercultural Relations,* 22(2), 227-250.

Haythornthwaite, C. & Wellman, B. (2001). The internet in everyday life. *American Behavioral Scientist,* 45(3). 363-382.

Hoffman, D. L., & Novak, T. P. (1998). Bridging the racial divide on the Internet. *Science,* April 17, 1998.

Katz, J. & Aspden, P. (1997). Motivations for and barriers to Internet usage: Results of a national public opinion survey, *Internet Research*, 7(3), 170-188.

Jung, J., Qiu, J., & Kim, Y. C. (2001). Internet connectedness and inequality: Beyond the digital divide. *Communication Research*, 28 (4), 507-535.

Katz, J., & Rice, R. E, (2002). *Social Consequences of Internet Use: Access, Involvement, and Interaction.* Cambridge, MA: MIT Press.

Katz, J., Aspden, P., & Rice, R. E, (2001). The Internet, 1995-2000: Access, civic involvement, and social interaction. *American Behavioral Scientist,* 45(3), 405-419.

Kim, Y. C.,& Ball-Rokeach, S. J. (2006). Community storytelling network, neighborhood context, and civic engagement: A multilevel approach. *Human Communication Research,* 32(4), 41 1~439.

Kim, Y. C., Shin, E., Cho, A., Jung, E., Shon, K. & Shim, H. (2019). SNS dependency and community engagement in urban neighborhoods: Themoderating role of integrated connectedness to a community storytellingnetwork, *Communication Research.*

Kim, Y. C., & Jung, J. (2014, May). SNS dependency and community engagement: From a media system dependency theory perspective. Paper presented at the Annual Conference of International Communication Association, Seattle, WA.

Kim, Y. C., Jung, J., & Ball-Rokeach, S. J. (2007). Ethnicity, place, and communication technology:Geo-ethnic effects on multidimensional Internet connectedness in various urbancommunities. *Information Technology and People, 20 (3),* 282-303.

Neu, C. R., Anderson, R. H., & Bikson, T. K. (1999). *Sending your government a message.* Rand Corporation.

Rice, R. E., & Katz, J. E. (2003). Comparing internet and mobile phone usage: digital divides of usage, adoption, and dropouts, *Telecommunications Policy,* 27(8-9), 597-623.

Sampson, R. (2012). *Great American city: Chicago and the enduring neighborhood effect.* Chicago: The University of Chicago Press.

Sampson, R. J., Raudenbush, S. W., & Earls, F. (1997). Neighborhood and violent crime a multilevel study of collective efficacy. *Science, 277*(5328), 918~924.

| 찾아보기 |

아산재단연구총서

001 전환기의 중국경제
김윤환 외 | 단국대 경제학과

002 폴란드 경제의 변천 개혁과 그 전망
김광수 | 숭실대 경제학과

003 재소한인
이광규 외 | 서울대 인류학과

004 소련산림과 임업
홍성천 외 | 경북대 임학과

005 아세안의 정치경제
김국진 외 | 외교안보연구원

006 태국의 사회변동과 경제발전
최석만 외 | 전남대 사회학과

007 중국의 사회경제 통계분석
신한풍 외 | 고려대 통계학과

008 중국의 정치와 경제
박두복 외 | 외교안보연구원

009 동유럽의 개혁과 시장경제의 도입
허만 외 | 부산대 사범대학

010 동유럽의 개혁운동
박영신 | 연세대 사회학과

011 현대 러시아 연구
기연수 외 | 한국외대 노어과

012 전략적 선택과 기업의 국제경쟁력
이장호 | 서강대 경영대학

013 협동사회의 정착과 정부의 역할
이종범 외 | 고려대 행정학과

014 한국 제조기업 생산성의 동적 분석
노부호 외 | 중앙대 경영대학

015 분배의 정의
변형윤 외 | 서울대 경제학과

016 도덕적 행동의 강화
이훈구 외 | 연세대 심리학과

017 관료부패와 통제
김해동 외 | 서울대 행정대학원

018 한국경제의 내실 있는 성장
정창영 외 | 연세대 경제학과

019 한국국민정신운동의 역사와 발전방향
박수명 외 | 부산대 사범대학

020 한국대학생의 가치성향과 상담효과
이영희 외 | 숙명여대 교육학과

021 가출청소년과 학교관리체제
안창규 외 | 부산대 교육학과

022 동북아 정세변화와 한 · 일관계
한승조 외 | 고려대 정치외교학과

023 언론과 부정부패
정대철 외 | 한양대 신문방송학과

024 한국의 고등학교 교육
이원호 외 | 부산대 교육학과

025 가족과 방송
김학수 외 | 서강대 신문방송학과

026 재정개혁의 전망과 재산세제의 개편과제
오연천 | 서울대 행정대학원

027 청소년을 위한 전자게임 프로그램의 규제 및 평가체계 개발
박혜원 외 | 울산대 가정관리학과

028 정신장애자 가족의 사회심리적 특성
이근후 외 | 이화여대 의과대학

029 가족의 관계역동성과 문제인식
이광규 외 | 서울대 인류학과

030 현대인과 한국전통음식
승정자 | 숙명여대 식품영양학과

031 기업의 초고속정보통신망활용
안중호 | 서울대 경영학과

032 지역발전을 위한 교육자치제의 개선방안
김남순 | 조선대 사범대학

033 전환기의 공무원 가치관
조경호 | 울산대 행정학과

034 지방자치와 사회복지의 과제
김영모 | 중앙대 사회복지학과

035 WTO체제하의 지방중소기업 지원정책
최명주 외 | 계명대 통상학부

036 현대한국의 시민운동
이효선 | 중앙대 사회학과

037 기업 세계화의 단계 및 정도의 측정
허영도 외 | 울산대 경영학과

038 가족복지를 위한 가족주치의 시범사업의 효과
이혜리 외 | 연세대 가정의학교실

039 한국대학생의 삶의 만족도
김재은 외 | 이화여대 교육심리학과

040 지역경제와 지역산업구조의 개편방향
정기화 외 | 전남대 경제학부

041 중국기업의 소유형태별 경영특성
노철화 외 | 부산대 무역학과

042 남북한의 인성 · 사상교육
한승조 외 | 고려대 정치외교학과

043 연계적 뇌기능 조언을 위한 의료용 멀티미디어 시스템의 설계
유선국 | 연세대 의용공학교실

044 다민족국가의 민족문제와 한인사회
최협 외 | 전남대 인류학과

045 저소득층지역 청소년 여가문화와 소집단 활성화
박문수 외 | 서강대 사회학과

046 삶의 질의 국제비교와 지역간 비교분석
이재기 외 | 울산대 경제학과

047 21세기 지역주민의 삶의 질
양종회 외 | 성균관대 사회학과

048 삶의 질에 대한 국가간 비교
조명한 외 | 서울대 심리학과

049 외국인 노동자의 노사관계와 사회적 적응
석현호 외 | 성균관대 사회학과

050 한국의 사법제도와 발전 모델
정종섭 | 건국대 법학과

051 고령화사회와 중상층 노인의 사회활동
조성남 외 | 이화여대 사회학과

052 한국의 서비스 시장 개방정책
한홍렬 | 한양대 경제학부

053 한국과 AFTA간의 교역증진 및 경제 협력방안
손일태 외 | 경희대 경제통상학부

054 물류비 절감을 위한 무역업체의 정보화전략
이영수 외 | 경북대 경제통상학부

055 사회주의 체제전환과 사회정책
오정수 외 | 충남대 사회복지학과

056 남북통일 이후 농업생산체계 개편
홍성규 외 | 건국대 농업경제학과

057 국제화와 세계화
하영선 외 | 서울대 외교학과

058 IMF 개혁정책의 평가와 한국경제의 신(新) 패러다임
조동근 | 명지대 경제학과

059 구조개혁과 실업대책
박동운 | 단국대 경제무역학부

060 21세기 신노사관계
심윤종 외 | 성균관대 사회학과

061 학교에서의 집단 따돌림
이춘재 외 | 가톨릭대 심리학과

062 한국노인의 정신건강실태와 건강증진
조맹제 외 | 서울대 의과대학

063 혁명과 개혁 속의 중국 농민
김광억 | 서울대 인류학과

064 중국의 경제환경과 한국기업의 진출 전략
지용희 외 | 서강대 경영학과

065 김대중 대통령의 시스템 사고
김동환 | 중앙대 공공정책학부

066 실업과 가족해체
최일섭 외 | 서울대 사회복지학과

067 합리적 부채비율 조정방안
오상근 | 동아대 경제학과

068 한국 중산층의 생활문화
문숙재 외 | 이화여대 소비자 · 인간발달학과

069 계층간 갈등상태에서 최적소득세
김진욱 | 건국대 경상학부

070 글로벌 경쟁력 제고를 위한 기업전략과 조직구축
이만우 외 | 고려대 경영학과

071 의료보험과 국민연금의 관리효율화를 위한 통합방안
사공진 외 | 한양대 경제학부

072 정부개혁의 과제와 전략
박우서 외 | 연세대 행정학과

073 책임운영기관 제도에 관한 비교분석
김근세 | 가톨릭대 행정학과

074 새로운 패러다임하에서의 한국기업의 바람직한 지배구조
최운열 외 | 서강대 경영학과

075 현대 한국사회의 계층구조
양춘 외 | 고려대 사회학과

076 한국의 산업정책과 산업구조조정
강인수 | 숙명여대 경제학부

077 기업구조조정
김석진 | 경북대 경영학부

078 지식경영을 위한 인적자원 개발 및 관리체계
장영철 | 경희대 경영학부

079 뉴 비즈니스 모델
전성현 | 국민대 정보관리학부

080 중산층의 정체성과 소비문화
함인희 외 | 이화여대 사회학과

081 외국관광객 유치를 위한 마케팅 전략
박상규 | 강원대 경영학과

082 한국인의 세대별 문학의식
이동순 | 영남대 국문과

083 공공부문의 효율성 평가와 측정
김재홍 외 | 울산대 사회과학부

084 한국 청소년의 정치의식과 형성요인
김광웅 외 | 숙명여대 아동복지학과

085 한국 대학생의 정치의식
배한동 | 경북대 윤리교육과

086 산업의 정보화와 산업발전
이기동 | 계명대 통상학부

087 한국 제조업의 고용조정 분석
이종원 외 | 성균관대 경제학부

088 지식자산에 대한 경영전략적 평가모형 개발
배재학 외 | 울산대 컴퓨터 · 정보통신공학부

089 관광사업을 위한 한국적 이미지의 휴식복 개발
채금석 | 숙명여대 의류학과

090 한국 정치제도의 개혁
신정현 | 경희대 사회과학부

091 e비즈니스와 아웃소싱 전략
정승화 외 | 연세대 경영학과

092 집단 따돌림의 진단 및 치료방안
홍준표 | 중앙대 인간생활환경학과

093 16대 총선과 낙선운동
조기숙 | 이화여대 국제대학원

094 부동층 유권자 행태 분석
진영재 | 연세대 정치외교학과

095 사이버 공동체의 성공요인
이재관 | 숭실대 경영학부

096 온라인 소비자 행동의 이론과 실증
윤성준 | 경기대 경영학부

097 글로벌 시대 정약용 세계관의 가능성과 한계
차성환 | 한일장신대 역사사회학과

098 러시아의 체제전환 과정에서 나타난 국가의 역할과 그 전망
이상민 외 | 부산대 정치외교학과

099 남북한의 경제발전 수준과 산업구조 비교, 그리고 경제교류 협력방향
주성환 | 건국대 경제학과

100 집단따돌림과 교육해체
한준상 | 연세대 교육학과

101 공적연금제도의 효율성과 개선방안
유금록 | 군산대 행정복지학부

102 벤처기업-대기업의 성공적인 협력 모델
나중덕 | 경산대 경영학과

103 북한의 재외동포정책
조정남 외 | 고려대 정치외교학과

104 사이버 공동체 형성의 역동적 모형
장용호 | 서강대 신문방송학과

105 기업이론과 기업의 소유지배구조
김일태 외 | 전남대 경제학부

106 가축분뇨 자원화를 위한 공동이용 조직에 대한 농가선호도 분석
유덕기 | 동국대 생명자원경제학과

107 개혁정책과 전문가 집단
이경원 외 | 제주대 행정학과

108 현대 한국사회의 이중가치체계
신수진 외 | 이화여대 가정관리학과

109 한국의 산업구조 변화와 기업집단 다각화 전략
김용학 외 | 연세대 사회학과

110 지식정보사회의 경제적 모형 설정 및 사례 연구
김범환 | 배제대 경영정보학부

111 변호사징계제도
오종근 | 한림대 법학부

112 인터넷 특허법
김순석 | 광주대 법학과

113 e-비즈니스 시대의 금융 및 재정정책의 새로운 패러다임
이종욱 | 서울여대 경제학과

114 청소년의 하위문화와 정체성
조성남 | 이화여대 사회학과

115 디지털금융시대의 금융구조변화와 정부규제 및 정책
이충열 | 고려대 경제학부

116 지식경영을 위한 기업의 조직설계방안
김경수 외 | 전남대 경영학과

117 전자금융의 발달과 경제정책의 새로운 패러다임
이명훈 | 명지대 경제학과

118 동아시아의 안보와 유엔체제
강성학 편저 | 고려대 정치외교학과

119 유료 치매노인 그룹홈의 개발과 관련 정책
최정신 외 | 가톨릭대 소비자 · 주거학과

120 소비자 지향적 문화산업 정책
홍영준 | 호남대 광고홍보학과

121 국제 · 국가 · 지방 환경규제의 연계
정준금 외 | 울산대 행정학과

122 현행 회사 합병 · 분할제도의 평가와 개선방안
옥무석 외 | 이화여대 법학과

123 배려지향적 도덕성과 정의지향적 도덕성
정옥분 외 | 고려대 사범대학

124 기업구조조정에 대한 채권금융기관 및 금융감독기관의 역할과 책임
이중기 | 한림대 법학과

125 실업대책으로서 한국의 법정기준근로 시간 단축
박영범 | 한성대 경제학과

126 프랑스어의 비분리성 소유개념 표현
노윤채 | 연세대 언어정보연구원

127 지방채의 효율적 관리방안
강태구 | 호원대 법행정학부

128 21세기 산업구조 변화와 과학기술정책
임채성 외 | 그리스도신학대 경영정보학부

129 인터넷 쇼핑몰 이용자의 불평행동
예종석 | 한양대 경영학부

130 한국기업의 성과급제도 현황, 효과 및 개선방안
김성수 | 서울대 경영학과

131 전자상거래와 소비자보호
서민교 외 | 경일대 인터넷국제통상학과

132 평생학습 사회에서의 인적자원개발을 위한 사회적 파트너십 구축
김영화 | 홍익대 교육학과

133 한국 공교육의 새로운 구상과 전략
권대봉 외 | 고려대 교육학과

134 한국의 정부개혁
김태룡 | 상지대 행정학과

135 지방정부 생산성 측정의 이론과 실제
이은국 외 | 연세대 행정학과

136 불가 시문학론
배규범 | 경희대 학술연구 교수

137 남북경제교류의 법적 문제
제성호 | 중앙대 법학과

138 경제위기와 청소년 발달
구인회 | 서울대 사회복지학과

139 생명과학기술의 응용과 기본권보호적 한계
정상기 외 | 한남대 법학과

140 경제발전과 정치환경의 한 · 일 비교분석
정갑영 외 | 연세대 동서문제연구원

141 한국 공교육의 진단
윤정일 외 | 서울대 교육학과

142 우리나라 지방자치 발전을 위한 자치단체장의 역할
정성호 외 | 경기대 사회과학부

143 의료보험제도의 개혁방안
권순원 | 덕성여대 경제학과

144 중등 도덕교육의 현실과 문제
손동현 외 | 성균관대 철학과

145 사이버공동체 발전론
이명식 | 상명대 경영학과

146 남북경협 확대에 대비한 북한 담보제도의 정비방안
박훤일 | 경희대 법과대학

147 한국 공무원 인사제도 개혁
김판석 | 연세대 행정학과

148 교사화법 교육
임칠성 외 | 전남대 국어교육과

149 세계화의 문화정치학
임혁백 외 | 고려대 정치외교학과

150 효과적인 e-SCM을 위한 의사결정조정 시스템 모형
이원준 | 성균관대 경영학부

151 환경거버넌스
김종순 외 | 건국대 행정학과

152 자동차산업의 인적자원관리
이덕로 | 서원대 경영학부

153 한국과 영국 간 지식기반산업 비교
이명호 | 한국외대 경영학과

154 한국 벤처기업의 기술네트워킹 및 기술마케팅 전략
장영일 | 인제대 경영학부

155 회사변호사의 윤리
오승종 | 성균관대 법과대학

156 미디어교육론
이정춘 | 중앙대 신문방송학과

157 조선시대 서원과 양반
윤희면 | 전남대 역사교육과

158 환경문제와 철학
박찬국 | 서울대 철학과

159 노인보건복지 이론과 실제
김명 외 | 이화여대 보건교육학과

160 북한의 법체계
권재열 외 | 숭실대 법학과

161 생명공학기술의 안전성 확보에 관한 법적 고찰
이재협 | 경희대 법학부

162 청소년복지학
김성이 외 | 이화여대 사회복지학과

163 변화하는 세계, 변화하는 복지국가
조영훈 | 동의대 사회복지학과

164 의리의 윤리와 한국의 유교문화
김낙진 | 진주교대 도덕교육과

165 미국의 통상정책과 통상법
윤충원 | 전북대 무역학과

166 사회복지 프로그램 평가
김학주 | 경상대 사회복지학과

167 환경주의와 지속가능한 발전
정대연 | 제주대 사회학과

168 무역과 환경
김기흥 외 | 경기대 경제학부

169 산업계 유해폐기물의 위험과 관리
김금수 | 호서대 경상학부

170 백범 김구의 지적 계발과정 탐색
문용린 | 서울대 교육학과

171 태평양전쟁 발발 이후 일제의 인적 지배와 그리스도교계의 대응
윤선자 | 전남대 사학과

172 거버넌스 상황에서 갈등관리를 위한 대체적 분쟁해결제도
서순복 | 광주대 법정학부

173 시장경제의 유형과 민주주의
최배근 | 건국대 경상학부

174 일본고전소설 총론
김현정 | 국립한국전통문화학교

175 국어 교육을 위한 국어 문법론
이관규 | 홍익대 국어교육과

176 율곡의 군주론
전세영 | 부산교대 윤리교육과

177 동북아시아 환경협력
정서용 | 명지대 법학과

178 기후변화협약과 기후정책
신의순 외 | 연세대 경제학과

179 인터넷과 국제 학술정보 네트워크-하이퍼링크 분석
박한우 | 영남대 언론정보학과

180 국내 기업복지의 활성화 방안
최수찬 | 연세대 사회복지대학원

181 세계화와 인간안보
김우상 외 | 연세대 정치외교학과

182 세계문화유산 종묘 이야기
지두환 | 국민대 국사학과

183 한국 평생교육의 사회철학적 과제
곽삼근 | 이화여대 교육학과

184 강점모델
정순둘 | 이화여대 사회복지학과

185 글로벌시대의 계약법
박영복 | 한국외대 법과대학

186 배심제와 시민의 사법참여
안경환 | 서울대 법학과

187 동북아공동체
김재한 | 한림대 정치외교학과

188 정치 참여와 탈물질주의
김욱 | 배재대 정치외교학과

189 퍼지전문가회로망을 이용한 금융기관의 사이버 기업여신결정 지원시스템의 개발
권혁대 | 목원대 경영학과

190 환경정책과 환경법
송인성 | 전남대 지역개발학과

191 포스트모던 시대의 평생교육학
한숭희 | 서울대 교육학과

192 현대 한국인의 세대경험과 문화
박길성 외 | 고려대 사회학과

193 서구의 근로연계복지
김종일 | 건국대 사회복지학과

194 사회복지운동론
현외성 | 경남대 사회복지학과

195 외국의 역모기지 사례
유선종 | 건국대 부동산학과

196 옛이야기와 어린이문학
이지호 | 진주교대 국어교육학과

197 노인사회복지관광의 정책과제와 방안
김창수 | 경기대 관광학부

198 복지서비스의 민간위탁 시스템 분석
김순양 | 영남대 행정학부

199 새로운 빈곤층의 대두와 정부의 정책과제
김진욱 | 건국대 경제학과

200 문화행정론
김정수 | 한양대 행정학과

201 스칸디나비아 노인용 코하우징의 계획과 적용
최정신 외 | 가톨릭대 생활과학부

202 북한의 자연생태계
공우석 | 경희대 지리학과

203 통계로 이해하는 러시아
전홍찬 | 부산대 정치외교학과

204 사회복지법인의 경영과 회계
이동규 | 충남대 회계학과

205 의약분업 정책과정
차흥봉 | 한림대 사회복지학과

206 지역공동체와 평생교육
오혁진 | 동의대 평생교육학부

207 아동보호서비스의 실제
한미현 | 백석대 사회복지학부

208 그린마케팅
박재기 | 충남대 경영학부

209 아동권리와 아동복지
이혜원 | 성공회대 사회복지학과

210 국제 이주와 인도인 디아스포라
김경학 | 전남대 인류학과

211 질병과 의료의 사회학
조병희 | 서울대 보건대학원

212 북한이탈주민의 사회통합을 위한 지역복지실천의 모색
이기영 | 부산대 사회복지학과

213 치매노인케어론
조유향 | 초당대 간호학과

214 노인상담입문
서혜경 외 | 한림대 대학원 사회복지학과

215 '통일 이후 통일과정'으로서의 독일 통일영화
이준서 | 이화여대 독어독문학과

216 중국의 사회보장
오정수 | 충남대 사회복지학과

217 환경자원의 경제적 가치와 환경오염의 사회적 비용
김재홍 | 울산대 사회과학부

218 사회복지프로그램의 경제적 평가방법
박창제 외 | 상주대 사회복지학과

219 자유의지와 결정론
안건훈 | 강원대 철학과

220 심리학자들이 쓴 행복한 결혼의 심리학
채규만 외 | 성신여대 심리학과

221 현대 해석학 강의
양해림 | 충남대 철학과

222 한국인의 주거 빈곤과 공공주택
하성규 | 중앙대 도시및지역계획학과

223 IMF 경제위기와 한국 출산력의 변화
김두섭 | 한양대 사회학과

224 동아시아의 영토분쟁과 국제법
이석우 | 인하대 법학부

225 독일 복지국가와 사회복지서비스
정재훈 | 서울여대 사회사업학과

226 사회복지사를 위한 실용 비모수통계
엄명용 | 성균관대 사회복지학과

227 피해자학 연구
이윤호 | 동국대 경찰행정학과

228 광고언어창작론
박영준 외 | 부경대 국어국문학과

229 환경규제 패러다임의 전환
한철 | 한남대 법학과

230 고령사회의 노동환경변화와 고용 시스템의 문제점 및 법적 대응
고준기 | 국립군산대 법학과

231 세계화와 소득불평등
이성균 외 | 울산대 사회과학부

232 유비쿼터스 사회의 이해
안중호 외 | 서울대 경영학과

233 국제환경책임법론
박병도 | 건국대 법학과

234 한국의 선거와 민주주의
윤종빈 | 명지대 정치외교학과

235 한국 시민운동의 구조와 동학
조대엽 외 | 고려대 사회학과

236 또래관계
송영혜 | 대구대 재활심리학과

237 해외 한국기업과 현지인 노동자
석현호 외 | 에스콰이아학술문화재단

238 독일 국가복지에서 민간복지단체의 역할과 의미
차성환 외 | 한일장신대 사회복지학부

239 청정공학
조정호 | 동양대 생명화학공학과

240 한국전통연희론
심상교 | 부산교육대 국어교육학과

241 정신장애와 가족
서미경 | 경상대 사회복지학부

242 빈곤통계의 작성과 활용
김주환 | 동국대 정보통계학과

243 인터넷과 한국정치
강원택 | 숭실대 정치외교학과

244 북한의 시장경제이행
정영화 외 | 서경대 법학과

245 시스템사고로 본 지속가능한 도시
문태훈 | 중앙대 도시및지역계획학과

246 실버산업과 유비쿼터스 컴퓨팅
고일상 | 전남대 경영학부

247 재활상담과 사례관리
나운환 | 대구대 직업재활학과

248 영유아교육기관에서의 장애 이해 교육
유수옥 | 우석대 유아특수교육과

249 장애의 사회적 의미와 사회통합
박수경 | 대진대 사회복지학과

250 경제분석의 수리적 기초
조인성 | 공주대 경제통상학부

251 비영리부문의 비교연구
김승현 | 서울산업대 행정학과

252 고등교육경제학
반상진 | 전북대 교육학과

253 과학윤리교육의 이론과 방법
조희형 | 강원대 과학교육학부

254 결혼이민자가족의 이해
김오남 | 대불대 사회복지학과

255 동아시아 국가의 공공부조
신동면 | 경희대 사회과학부

256 특수아동 진단 및 평가
이나미 | 대불대 특수교육과

257 계약형 사회복지와 권리옹호시스템
이명현 | 경북대 상주캠퍼스 사회복지학과

258 실내공기질 및 위해성 관리
양원호 | 대구가톨릭대 산업보건학과

259 충남 방언 문법
한영목 | 충남대 국어국문학과

260 교육권론
노기호 | 군산대 법학과

261 도시경관계획론
임승빈 | 서울대 조경 · 지역시스템공학부

262 교통의 새로운 패러다임
김형철 | 경원대 도시계획 · 조경학부

263 노인의 삶의 질 향상을 위한 주거환경 디자인
천진희 | 상명대 디자인대학 실내디자인전공

264 사회복지와 문화
박병현 | 부산대 사회복지학과

265 장애인복지의 이론과 실제
이선우 | 인제대 사회복지학과

266 창의성 개발을 위한 디자인교육 콘텐츠
김선영 | 인천가톨릭대 조형예술대학 환경디자인학과

267 구성주의 사회복지 실천 기술론
고미영 | 서울신학대 사회복지학과

268 장애아교육학
김기흥 | 부산교육대 유아교육과

269 지역사회복지와 자원부문
한상진 외 | 울산대 사회학과

270 환경관리회계
육근효 | 부산외국어대 회계학부

271 인권 관점에서 보는 장애인복지
유동철 | 동의대 사회복지학과

272 정신증상
송지영 | 경희대 의과대학병원 신경정신과

273 사이버공간의 사회심리학
이성식 외 | 숭실대 정보사회학과

274 노인에 대한 사회적 돌봄과 돌봄서비스의 질 보장
최희경 | 신라대 가족노인복지학과

275 아동 심리치료의 실제
신현균 | 전남대 심리학과

276 사회복지와 위험관리
노충래 | 이화여대 사회복지전문대학원

277 국제 탄소시장의 이해
양승룡 | 고려대 식품자원경제학과

278 타자의 초상
신문수 | 서울대 영어교육과

279 한국정치와 환경정치
나정원 | 강원대 정치외교학과

280 북한이주민
윤인진 | 고려대 사회학과

281 음주의 사회경제적 비용
정우진 외 | 연세대 보건대학원

282 지방정치와 동북아 도시거버넌스
박재욱 | 신라대 행정학과

283 노숙인 복지론
남기철 | 동덕여대 사회복지학과

284 유럽통합과정과 지역협력
이규영 | 서강대 국제대학원

285 사회복지재정 연구
지은구 | 계명대 사회과학대학 사회복지학과

286 지역사회 교육개혁을 위한 시민사회 조직의 참여
김영화 | 홍익대 교육학과

287 복지사회를 대비한 국민연금의 구조개혁
박영석 외 | 서강대 경영학부

288 한미 FTA 지재권 협상에 따른 의약품 분야 사회후생 변화
오근엽 | 충남대 무역학과

289 산업입지, 환경 그리고 지역경제
이기동 외 | 계명대 국제통상학과

290 감성지능 개발을 통한 삶의 질 향상
김경수 외 | 전남대 경영학부

291 교육복지론
이용교 외 | 광주대 사회복지학부

292 인간과 행복에 대한 철학적 성찰
박찬국 | 서울대 철학과

293 유럽연합의 사회통합 사례와 교훈
이무성 | 명지대 정치외교학과

294 민영화와 사회후생
이상호 | 전남대 경제학부

295 북한의 교육학 체계 연구
최영표 외 | 동신대 교육대학원

296 한국 지속가능발전의 구조와 변동
정대연 | 제주대 사회학과

297 우리나라의 공익 연계 마케팅에 관한 연구
임승희 | 전주대 경영학부

298 시각장애인복지론
김영일 | 조선대 특수교육과

299 그린에너지와 환경촉매
정석진 | 경희대 화학공학과

300 취약학교 초등학생을 위한 온라인 보건교육 프로그램
박경옥 | 이화여대 보건관리학과

301 신탁제도를 통한 고령자의 보호와 지원
최수정 | 서강대 법학전문대학원

302 사회적 약자계층에 대한 실태분석 및 정책방안
이은우 외 | 울산대 경제학과

303 한류 문화와 동북아 공동체
최혜실 | 경희대 국어국문학과

304 노동유연화와 해고보호법
권혁 | 부산대 법학전문대학원

305 사회복지 위험관리의 이해
박미은 | 한남대 사회복지학과

306 의료기관의 회계와 세무
노준화 | 충남대 경영학부

307 여성인적자원의 전문성 확보를 위한 경력개발
백지연 | 이화여대 국제사무학과

308 정신병리
강선경 | 서강대 신학대학원

309 바다의 반란 적조
윤양호 | 전남대 해양기술학부

310 한국 장애인 복지 발달사
이성규 | 서울시립대 사회복지학과

311 서양예술 속의 동양 탐색
진상범 | 전북대 독어독문학과

312 한국인의 도덕성 발달 진단
문용린 | 서울대 교육학과

313 영국정치와 국가복지
고세훈 | 고려대 공공행정학부

314 인간학적 사유를 여는 중도 · 중복장애 교육학
이숙정 | 단국대 특수교육과

315 개별화 교육과정
이소현 | 이화여대 특수교육과

316 인간의 긍정적 성품
권석만 | 서울대 심리학과

317 지방자치와 지역여성의 전망
이혜숙 | 경상대 사회학과

318 한국 현대 노년소설 연구
전흥남 | 한려대 교양학부

319 정보격차 해소를 위한 창의적 정보교육 프로그램
이영준 외 | 한국교원대 컴퓨터교육과

320 한국 가족과 젠더
손승영 | 동덕여대 교양학부

321 한국의 복지혼합
김진욱 | 서강대 신학대학원

322 사회자본과 자원봉사
김태룡 외 | 상지대 행정학과

323 농촌교육복지연구
박삼철 | 단국대 교양학부

324 사회정체성 평가 차원에 대한 국제비교조사
이명진 | 고려대 사회학과

325 캐나다 복지국가 연구
조영훈 | 동의대 사회복지학과

326 한국의 소수자운동과 인권정책
전영평 외 | 서울대 행정대학원

327 한국과 미국의 보육서비스 전달체계와 품질 비교분석
김근세 외 | 성균관대 국정관리대학원

328 한국사회의 소득불평등과 국민 의료이용
이용재 | 호서대 사회복지학과

329 정보시대의 인간안보
조화순 | 연세대 정치외교학과

330 가족의 사회경제적 특성과 아동발달
김광혁 | 전주대 사회복지학과

331 초 · 중 · 고등학생의 학업소진 진행과정 및 경로분석
이상민 | 고려대 교육학과

332 다문화사회의 사법통역
이지은 | 이화여대 통역번역대학원

333 동아시아 지역주의
유현석 | 경희대 정치외교학과

334 환경친화적 공공시설관리와 지역공동체의 삶의 질
이소영 | 중앙대 실내디자인 · 주거환경학과

335 의료보험의 법정책
김나경 | 성신여대 법과대학

336 양극화 시대 가족해체와 청소년의 적응에 관한 한국과 미국의 비교 연구
오승환 외 | 울산대 사회복지학과

337 기업의 사회적 책임과 지역경제사회 발전 연구
허영도 외 | 울산대 경영학부

338 노인의 삶의 질 향상을 위한 온라인 소셜 네트워크 구축 방안
김진우 | 연세대 경영학과

339 청소년 생활역량
윤명희 외 | 동의대 평생교육학과

340 외국인 배우자의 다양성과 국제결혼의 안정성
김두섭 | 한양대 사회학과

341 정보인권의 규범구체화
이민영 | 가톨릭대 법학과

342 한국 사회복지실천의 고유성
최성재 외 | 서울대 사회복지학과

343 스웨덴의 환경책임 실천모형
최희경 | 경북대 행정학부

344 자율운동과 주거공동체
윤수종 | 전남대 사회학과

345 한국인의 공공봉사동기
김상묵 | 서울과학기술대 행정학과

346 한국 이혼가정 아동의 성장
김혜숙 | 경인교육대 교육학과

347 동양 사상과 노인 복지
홍승표 외 | 계명대 사회학과

348 노동과 사회보장의 연계
오문완 | 울산대 법학과

349 학습장애 위험군 아동의 조기선별을 위한 읽기검사 표준화 연구
김애화 외 | 단국대 특수교육학과

350 신 · 재생에너지에 기초한 녹색성장과 사회통합
김인호 | 이화여대 법학전문대학원

351 문화교류역량과 다문화 경영이 기업 경영성과에 미치는 영향
임병학 외 | 부산외대 경영학부

352 빈곤영유아의 발달과 적응
정익중 외 | 이화여대 사회복지학과

353 민사법질서와 인권
양천수 | 영남대 법학전문대학원

354 성년후견제도와 사회복지제도의 연계
신권철 | 서울시립대 법학전문대학원

355 한국 다문화사회의 이방인
김순양 | 영남대 행정학과

356 현대 시민사회와 소비자계약법
이병준 | 한국외대 법학전문대학원

357 개인의 사회적 정보보호를 위한 공공 정보서비스 개선 연구
장항배 | 상명대 경영학과

358 여성교육투자에 대한 교육경제학적 탐색
백일우 외 | 연세대 교육학부

359 사회적 기업과 지속가능한 지역발전
임업 외 | 연세대 도시공학과

360 다문화가정 구성원에 대한 투트랙 한국어 교육방안 연구
박시균 | 군산대 국어국문학과

361 아시아의 빈곤과 한국기업의 역할
한인수 | 충남대 경영학부

362 유치원 · 초등학교 연계 환경교육
박희숙 | 공주대 유아교육학과

363 비정규 고용과 사회정책
구인회 외 | 서울대 사회복지학과

364 사생활의 자유에 관한 비교법적 연구
이창현 | 서강대 법학전문대학원

365 다중융합 환경 기반의 미디어스킨을 활용한 문화콘텐츠 디자인 적용방안에 관한 연구
오문석 외 | 광운대 미디어영상학부

366 북한이탈주민 여성의 성인식 관련 기초 조사
한인영 외 | 이화여대 사회복지학과

367 노인주택 파노라마
유선종 | 건국대 부동산학과

368 시설보호 청년의 적응
정선욱 | 덕성여대 사회복지학과

369 다수 집단과 소수 집단의 심리
김혜숙 | 아주대 심리학과

370 바이오 휴머니티
권택영 | 경희대 영어학부

371 프랑스 다문화교육의 이해
이경수 | 상명대 불어교육과

372 한 · 중 서비스산업의 비교분석과 교역 확대 방안
김상호 | 리츠메이칸 아시아태평양대 국제경영학부

373 현대의학에 있어서 생명의 시간과 인간의 존엄
김학태 | 한국외대 법학전문대학원

374 0~3세 영유아의 영상물 과몰입 실태조사 및 정신건강증진 프로그램 개발과 적용
이경숙 | 한신대 재활학과

375 복지국가의 조세와 정치
양재진 외 | 연세대 행정학과

376 청소년기 자살행위 실태와 관련 요인
박선희 | 경희대 간호과학대학

377 기술혁신에 따른 지역 간 정보격차
최정혜 외 | 연세대 경영대학

378 한국 사회의 이중구조와 생애주기적 불평등
안상훈 편 | 서울대 사회복지학과

379 소비자의 친환경행동에 영향을 미치는 사회적 · 경제적 가치에 대한 고찰
송재기 | 텍사스테크대 경영학과

380 어머니 양육행동 관련 변인들과 유아 사회정서행동 간의 구조모형 분석
심숙영 | 숙명여대 원격대학원

381 조선족 여성, 동남아시아 여성 그리고 새터민의 적응 유형 분석 및 삶의 질 향상 방안 모색
정태연 | 중앙대 심리학과

382 세계의 연금, 한국의 연금
허만형 | 중앙대 공공인재학부

383 노인요양원과 문화 변화
최재성 | 연세대 사회복지학과

384 시민사회와 국제개발협력
손혁상 | 경희대 공공대학원

385 복지국가의 변화와 빈곤정책
김윤태 | 고려대 사회학과

386 다문화가정의 미디어 이용과 사회적 자본의 관계
진창현 | 경기대 경영학과

387 사회진출 대졸 초년생의 탄력성 변화 양상
이상민 | 고려대 교육학과

388 사회자본과 경제발전 그리고 정부의 질
도수관 | 대구가톨릭대 행정학과

389 망명과 귀환이주
서장원 | 고려대 독일문화학과

390 근거기반실천과 사회복지
김유진 | 경북대 사회복지학부

391 인터넷상 정보 유통에 대한 새로운 저작권 규율 방향 모색
박준석 | 서울대 법학전문대학원

392 한국 사회의 인종차별적 담화구조
이창수 | 한국외대 통역번역대학원

393 사회복지사의 사회복지 가치 지향
김용석 | 가톨릭대 사회복지학과

394 개인정보의 국제적 유통에 따른 법적 문제와 대책
박훤일 | 경희대 법학전문대학원

395 정신장애인의 인권
서미경 | 경상대 사회복지학과

396 취약계층 비만청소년들의 체중관리를 위한 건강증진 프로그램의 효과
김영호 | 서울과학기술대 스포츠과학과

397 한국 전통의 돈의 문학사, 나눔의 문화사
서신혜 | 한양대 창의 · 융합교육원

398 와이파이 공간과 모바일 정보 격차
이건학 | 서울대 사회과학대학

399 도시정비사업의 법적 쟁점과 해설
성중탁 | 경북대 법학전문대학원

400 사회서비스 제공기관의 조직요인과 성과
신창환 | 경북대 사회복지학부

401 도시 사운드스케이프 디자인
전진용 외 | 한양대 건축공학부

402 지방의회 의원윤리연구
김택 | 중원대 경찰행정학과

403 발달장애인 자립생활 증진을 위한 역량탐색 및 주거로서의 해결과제
김라경 | 광주교육대 교육학과

404 외국인고용제도개선과 인권
김상호 외 | 경상대 법과대학

405 사회복지연구에서 질적방법과 분석
김인숙 | 가톨릭대 사회복지학과

406 현대미술에서의 예술적 성장과 창의적 인재양성
백경미 | 울산과학기술원 기초과정부

407 현대인의 삶과 문화예술교육
곽삼근 | 이화여대 교육학과

408 문화적 배경과 체화된 인지
민동원 | 단국대 경영학부

409 아동 섭식행동평가 척도 표준화 및 섭식문제 현황 조사
정경미 | 연세대 심리학과

410 잊혀질 권리: 이상과 실현
문재완 | 한국외대 법학전문대학원

411 인권의 지역화: 일상생활의 인권 증진을 위하여
김중섭 | 경상대 사회학과

412 다문화 시대 이주민의 한국어 의사소통
민병곤 외 | 서울대 국어교육과

413 다문화 시대의 문화교육 커리큘럼
윤여탁 외 | 서울대 국어교육과

414 다문화 시대의 통일교육
박성춘 외 | 서울대 윤리교육과

415 다문화 시대 사회 통합을 위한 시민 교육
이진석 외 | 부산대 일반사회교육과

416 다문화 관련 법률 및 제도
박성혁 외 | 서울대 사회교육과

417 생태복원의 인문학적 상상력
김성도 외 | 고려대 언어학과

418 다국내 출생 다문화가정 청소년의 아픔과 분투: 사회적 차별로부터의 회복과 성장
서영석 | 연세대 교육학과

419 종교심리학의 이해: 죽음인식의 논의를 중심으로
김재영 | 서강대 종교학과

420 글로벌 시대의 사회통합: 세계적 추세와 한국의 위상
장용석 외 | 연세대 행정학과

421 소규모 사회적기업과 소셜미디어 마케팅
박철 | 고려대 글로벌비즈니스대학

422 동아시아 가면극의 역사와 전승양상
전경욱 | 고려대 국어교육과

423 무엇이 우리를 행복하게 하는가?
구교준 외 | 고려대 행정학과

424 디지털 중독의 이해와 대응 방안
오원석 외 | KAIST 경영대학

425 지속가능발전목표(SDG) 시대 한국의 복지와 행복지표 측정
한준 외 | 연세대 사회학과

426 지방정부 간 사회복지 불균형과 시민 행복
장용석 외 | 연세대 행정학과

427 일 · 여가의 변화와 행복 복지
유홍준 외 | 성균관대 사회학과

428 가족시간과 삶의 질
이윤석 외 | 서울시립대 도시사회학과

429 사회복지사의 유데모니아: 사회복지의 가치와 보람, 그리고 행복
송인한 외 | 연세대 사회복지대학원

430 행복을 위한 움직임
안문경 | 국민대 교양대학

431 읽기 장애 조기 선별검사의 측정학적 적합성 연구
여승수 | 부산교육대 유아교육학과

432 문화적 다양성과 창의성: 심리학적 관점
장재윤 | 서강대 심리학과

433 내일의 종언(終焉)? 가족자유주의와 사회 재생산 위기
장경섭 | 서울대 사회학과

434 산림공유자원관리로서 금송계 연구
배수호 외 | 성균관대 행정학과

435 한국 경제발전의 문화적 기원: 추격성장, 발전국가 그리고 문화적 혼종성
김명수 | 한양대 정보사회학과

436 4차 산업혁명의 일자리 진화
이민화 | KAIST 미래전략대학원

437 금융 분야에 있어서 4차 산업혁명 시대와 일자리 대책
고동원 | 성균관대 법학전문대학원

438 노동의 디지털화와 산업노동의 미래: 독일 산업 4.0을 중심으로
임운택 | 계명대 사회학과

439 4차 산업혁명과 고등교육 개혁
김민희 외 | 대구대 교직부

440 4차 산업혁명과 일자리 정책의 미래
권혁 외 | 부산대 법학전문대학원

441 복지공급론: 보건복지의 수단과 체계
강창현 | 단국대 공공관리학과

442 생각 중심 교육
박주용 | 서울대 심리학과

443 청소년 독자의 정체성과 문식 활동
이순영 | 고려대 국어교육과

444 인간의 심리를 조작하는 사회공학기술
김석수 | 한남대 멀티미디어학부

445 한국사회 이타적 행동에 대한 이해
강철희 외 | 연세대 사회복지대학원

446 이주민의 사회적 배제: 세대 간 전이와 민족 계급화를 중심으로
최혜지 | 서울여대 사회복지학과

447 사회복지, 업의 변화와 마케팅
이원준 | 청주대 경영학과

448 충남 민속의 이해
이필영 | 한남대 역사교육과

449 한국 청소년들의 공동체지향목표
신종호 외 | 서울대 교육학과

455 한국 다문화 사회의 교육과 복지 실천
김영순 외 | 인하대 사회교육과'

456 뉴미디어와 이주민: 소셜미디어시대 서울 지역 중국동포들의 미디어 이용과 적응
김용찬 | 연세대 언론홍보영상학부

아산재단연구보고서

001 한국인의 도덕성 연구
배해수 | 고려대 국문학과

002 산업화와 청소년 진로
이원호 | 울산대 교육학과

003 공동체의식과 시민운동
김영섭 | 한양대 행정학과

004 한국청년의 삶의 의미 충족도와 만족적 태도
안정수 | 경희대 철학과

005 중국조선족의 사회발전과 한 · 중관계의 위상
손장권 | 고려대 사회학과

006 해송림 "솔껍질깍지벌레"의 천적 및 주요 종의 생태
김규진 | 전남대 농생물학과

007 사회정의와 실천윤리
박종대 | 서강대 철학과

008 동구개혁의 영향
김달중 | 연세대 정치외교학과

009 한국청소년의 의식세계
김문조 | 고려대 사회학과

010 고강도 철근 콘크리트 구조의 실용화
정헌수 | 중앙대 건축학과

011 신기술의 연관형태 및 출현예측의 구조모형
권철신 | 성균관대 산업공학과

012 민간기업의 연구개발을 위한 조세정책
권영훈 | 한양대 경제학부

013 기술개발 활성화방안
송승구 | 울산대 화학공학부

014 부패의 현상과 진단
이문조 | 영남대 정치외교학부

015 연구투자의 지역적 편중화와 부산지역의 기초과학연구 활성화방안
윤웅찬 | 부산대 화학과

016 GATT의 신구 덤핑방지협정과 그 대응 방안
전창원 | 동국대 무역학과

017 한국사회의 도덕성 제고를 위한 진단과 처방
황경식 | 서울대 철학과

018 새로운 노사관계 방향
이진규 외 | 고려대 경영학과

019 21세기 동북아 정세예측과 한국의 전략적 대응방안
최평길 외 | 연세대 행정학과

020 소련의 한국에 대한 정책목표분석
신승권 | 한양대 정치외교학과

021 메모리 커패시터용 $Pb(Zr_xTi_{1-x})O_3$ 강유전체 박막의 제작과 특성
장지근 외 | 단국대 전자공학과

022 러시아 국제법학의 전통
김용구 | 서울대 외교학과

023 유럽연합의 현황과 전망
김동현 외 | 성균관대 행정학과

024 중국의 정치동원
송영우 외 | 건국대 정치외교학과

025 산업적 활용을 위한 이동로보트 시스템의 개발
박민용 외 | 연세대 전자공학과

026 중국조선족의 정치사회화과정과 동화적 국민통합의 방향
전인영 외 | 이화여대 사회생활학과

027 공적부조의 이론과 실제
최일섭 외 | 서울대 사회복지학과

028 대외통상환경의 변화와 법제개편
서헌제 | 중앙대 법학과

029 기업금융의 국제화
최생림 | 한양대 경영학부

030 자동차부품공업의 노사관계
김호진 외 | 고려대 행정학과

031 산업화 과정에서의 한국가족의 실태와 전망
정창수 외 | 성균관대 사회학과

032 공무원 가치관 실태와 정립방안
배병룡 외 | 경상대 행정학과

033 해외귀국청소년의 국내적응연구
이장영 | 국민대 사회학과

034 초고속정보통신망에서 LAN서비스 제공방안
이재용 | 연세대 전자공학과

035 WTO체제의 정책적 대응
김병진 외 | 경희대 행정학과

036 유럽의 통합정치
최수경 외 | 충남대 정치외교학과

037 유기질폐기물을 이용한 고단백사료원인 조류의 생산공정
최정우 외 | 서강대 화학공학과

038 초고속정보통신망의 수용성과 정책방향
박영상 외 | 한양대 신문방송학과

039 중국의 강남사회와 한중교섭
조영록 외 | 동국대 사학과

040 세계화시대의 사회 · 문화의식
신행철 외 | 제주대 사회학과

041 국내 외국인 노동자의 문제와 대책
성규탁 외 | 연세대 사회복지학과

042 노인인력 활용정책과 프로그램
김정후 외 | 강원대 법과대학

043 한일간 학술교류 현황과 활성화방안
정홍익 외 | 서울대 행정대학원

044 계량모형에 의한 한일 경제관계의 이해
김명직 외 | 한양대 경제학부

045 직장인의 음주행태와 삶의 질
진기남 외 | 연세대 보건행정학과

046 유통정보 시스템의 구조와 설계
정용길 | 충남대 경영학과

047 남북통일 이후 사회통합을 위한 교육의 역할
안기성 외 | 고려대 교육학과

048 대중음악에 심취한 청소년들의 심리적 특성
김인경 외 | 연세대 인간행동연구소

049 멀티미디어 시스템을 활용한 교육환경의 개선방안
김한일 | 제주대 컴퓨터교육학과

050 탈냉전기 한일관계의 쟁점
최상룡 | 고려대 정치외교학과

051 자치시대 새로운 '삶의 질' 지표의 모색
김형기 외 | 경북대 경제통상학부

052 유럽통합의 역내외 협력과 갈등
이호재 외 | 고려대 정치외교학과

053 21세기를 대비한 신노사관계
김재원 | 한양대 경제학부

054 대학의 시간제학생 등록제
안규철 외 | 전남대 교육학과

055 21세기에 대비한 방송통신정책
한진만 외 | 강원대 신문방송학과

056 주민참여를 통한 혐오시설 관리운영방안
박균성 외 | 경희대 법학부

057 여성의 정치적 권리인식과 정치참여
전경옥 외 | 숙명여대 정치외교학과

058 한국인 위장질환과 식생활 · 환경요인 및 *H. pylori* 감염과의 관계
이양자 외 | 연세대 식품영양학과

059 학생과 시민의 자원봉사활동
윤정일 외 | 서울대 교육학과

060 동북아 환경문제와 지역환경협력의 모색
신연재 외 | 울산대 정치외교학과

061 노인 자원봉사활동을 통한 사회통합 프로그램 개발
김동배 | 연세대 사회복지학과

062 물류정보 시스템
김태현 | 연세대 경영학과

063 전자식 문서교환을 이용한 항공화물 운송체계
민재형 | 서강대 경영학과

064 청소년과 성
이근후 | 이화여대 의과대학

065 민족통합과 무궁화호 위성의 남북한 공동활용방안
방정배 | 성균관대 신문방송학과

066 채식주의가 20대 여성의 영양상태와 에스트로겐 대사에 미치는 영향
성미경 | 숙명여대 식품영양학과

067 가상정보공간을 통한 지역개발 활성화 전략
유재천 외 | 한림대 언론정보학부

068 조산아 관리현황 및 정책수립 방안
박상기 외 | 조선대 의과대학

069 남북한관의 의식조사와 통일교육 개선 방안
김동규 외 | 고려대 북한학과

070 동양 전통 자연사상 탐구
장동순 | 충남대 환경공학과

071 초고속정보망의 시뮬레이터 구현
한기준 | 경북대 컴퓨터공학과

072 유통원가 시스템의 유효성
정다미 | 명지대 경영학과

073 국악과 문화관광의 만남
정익준 외 | 동아대 국제관광통상학부

074 기업의 지식경영 활용사례
김창은 | 명지대 산업공학과

075 선진국과 한국의 직업교육 · 훈련제도의 특성과 한계
정주연 | 고려대 경제학과

076 제주지역 성인 여성의 자원봉사활동
이상철 외 | 제주대 사회학과

077 M&A와 문화충돌 관리
박원우 | 서울대 경영학과

078 폐금속광산 인근 주민들의 중금속 오염실태
정종학 외 | 영남대 의학과

079 북한 농촌 · 농업실태와 인력자원개발 시스템을 통한 북한 농민의 구호방안
박성열 | 건국대 교육공학과

080 중소 소매점의 경쟁력과 소매성과
채명수 외 | 한국외대 무역학과

081 고령자를 위한 쾌적한 실내온도와 착의량의 설정
정운선 | 안동대 의류학과

082 지역문화 이벤트 PR
박종민 | 경희대 언론정보학부

083 인터넷 지역정보화의 실태와 전략
유평준 외 | 연세대 행정학과

084 여성 삶의 질 향상을 위한 사회교육 활성화 방안
김양희 | 중앙대 가족복지학과

085 벤처기업과 벤처금융
강대석 외 | 충남대 무역학과

086 구조조정기에 있어서 실업대책과 사회 안전망 구축
박천익 | 대구대 경제학과

087 한국 유아의 조기교육
이명조 외 | 한국외대 교육대학원

088 남북한 경제공동체 형성전략
이상만 | 중앙대 경제학과

089 지방자치회계의 투명성과 주민의 알 권리
권찬태 외 | 경북대 경영학부

090 정치지도자의 정책리더십
이해영 | 경일대 행정학과

091 경제위기와 한국인의 복지의식
신광영 외 | 중앙대 사회학과

092 북한의 노동
김강식 | 한국항공대 경영학과

093 우리나라 중소기업의 정보기술 활용 현황과 경쟁력 강화를 위한 제안
정승호 | 부산외대 정보시스템학과

094 인간배아복제의 법적 · 윤리적 문제점과 그 해결방안
최병규 | 한경대 법학부

095 가치변화에 따른 투표행태
조찬래 외 | 충남대 정치외교학과

096 인터넷 경매에서의 계약체결과 소비자 보호
이기수 외 | 고려대 법과대학

097 세계화시대 남북한 통합의 방향과 과제
윤민재 | 서울대 사회발전연구소

098 글로벌 시대 지방정부의 문화마케팅 전략
박흥식 | 중앙대 행정학과

099 대졸여성실업의 실태분석 및 대학-노동시장 간 효율적 연계방안
이은우 외 | 울산대 사회과학부

100 그린 투어리즘의 분석
이응진 | 대구대 관광학부

101 지방자치단체장의 부정부패
오일환 | 한양대 아태지역연구센터

102 산업화가 유교체제하 중국여성의 지위에 미친 영향
천성림 | 배재대 사회과학연구소

103 움직이는 말하기
유혜숙 외 | 나사렛대 교양학부

104 장애학생을 위한 특수교육공학의 활용
김용욱 | 대구대 중등특수교육과

105 지식기반사회의 평생교육 이해와 평생교육 프로그램 개발
박성열 | 건국대 교육공학과

106 N세대의 미술교육
김동철 | 대구교육대 미술교육학과

107 노후계획과 투자
권택호 | 여수대 국제통상학과

108 영화산업
양영철 | 경성대 연극영화학부

109 동유럽의 변혁과 언론의 역할
정대수 | 경남대 정치언론학부

110 환율, 임금, 물가가 국제경쟁력 및 수출입산업에 미치는 영향
하인봉 | 경북대 경제통상학부

111 일본기업의 기술혁신 전략
위정현 | 중앙대 상경학부

112 노후보장정책과 역저당연금제도
조덕호 외 | 대구대 행정학과

113 유비쿼터스 라이프와 미래 사회
김석수 | 한남대 멀티미디어공학과

114 죽음과 관련된 생명윤리적 문제들
구인회 | 가톨릭의과대 인문사회과학교실

115 경제적 세계화와 빈곤문제, 그리고 국가
김준현 | 한일장신대 인문사회과학부

116 한국의 세계불교유산
김종명 | 한국학중앙연구원 한국학대학원

117 복지레저서비스론
고태규 | 한림대 국제학부

118 자생적 철학체계로서 인간중심철학
선우현 | 청주교대 윤리교육과

119 전략적 통합과 한반도 평화체제
김승채 | 고려대 정책대학원

120 환경사법론
전경운 | 경희대 법학부

121 인터넷 자료를 통해 본 한국의 이혼문화와 사회복지
성정현 외 | 협성대 사회복지학과

122 유럽연합의 사회정책에 관한 연구
문진영 | 서강대 신학대학원 사회복지학과

123 여성건강의 통합적 관점
김혜원 | 관동대 간호학과

124 복잡계 네트워크 과학
강병남 | 서울대 물리천문학부

125 경제적인 3세대 전원주택 개발
박근준 | 호서대 건축공학과

126 사회복지와 인적자원개발
이상일 | 인제대 국제경상학부